ちくま新書

組織力

——宿す、紡ぐ、磨く、繋ぐ

高橋伸夫
Takahashi Nobuo

842

組織力——宿す、紡ぐ、磨く、繋ぐ【目次】

章扉イラストレーション＝山本 覚

まえがき

おじさんたちは、何も仕事をしていないようなときでも、ただボーッとしているわけではない。少なくとも私は、ずーっと若い人のことを見ている。

査定や評価をしなくてはならないからとか、そんな理由で見ているのではない。だから彼らの目先の成果や業績を見ているわけではない。それよりも、どんな仕事が得意なのか、どんな仕事が苦手なのか、性格的に明るいのか暗いのか、几帳面なのか大雑把なのか……。とにかく、ありとあらゆることを見ている。直接の部下や後輩だけではない。目に入って気になる人はずっとウォッチしている。それは自分のためなのだ。

私自身は凡庸な人間だが、たとえ優秀で、どんな仕事でも誰よりも速くこなせるような人間であったとしても、所詮、限られた時間内に一人でできる仕事の大きさには限りがある。そんなことは当たり前だろう。しかし、もし自分に大きな仕事が降ってきたとき、どんなメンバーでチームを組めば、その仕事をこなせるのか。その顔ぶれのアイデアさえ湧けば、私はどんな大きな仕事でも受けられる。だから、いつも若い人を見ているのだ。

これは、以前、私のゼミで、学生相手に某大企業の部長さんがもらした本音トークの一部である。少なくとも私が見る限り、凡庸どころかエリート街道まっしぐらといった人物である。まさに適材適所のチーム・メンバーのアイデアが湧く人と、そうではない人とでは、任せられる仕事の大きさに差がついてくるということを体現しているのだろう。

一般的に、チームあるいは組織で仕事をして、うまくいかなかったとき、その原因を突き詰めていけば、特定の人物の特定の失敗に突き当たるはずである。しかし、そんなことでは何の解決にならないこともご承知の通り。そもそも、誰かのせいにして責任をとらせることが、組織としての再発防止につながるのかどうかも、よ〜く考えてみる必要がある。

確かに、仕事のできるハイスペックな社員ばかりを揃えた会社だったら、ずいぶんと経営者や管理者の苦労は軽減されるだろうなとは容易に想像される。だからこそ、そんな「優秀な」社員を揃えたり、育てたりすることは重要なことなのだ。ただし、これはあくまでも一般論……である。それだけで大丈夫なのか？　仮に経営者や管理者が無能で、何もしなくても、本当にうまくいくのか？　何か本質的なものを見落としていないのか？

では、その本質とは何か？　おそらく、「経営」の本質とは、あるいは「マネジメント」の本質とは、一人ひとりではできないような大きな仕事を皆でこなし、一人ひとりでは突破できないような難関を皆でなんとか切り抜けることだろう。それが「組織力」である。

このチームだったら、この組織だったら、このくらいの大きさの仕事ならこなせるし、このくらいの難関でもなんとか切り抜けられる……という感覚、この皆で——つまり組織で——こなしたり切り抜けたりするイメージと感覚を、リーダーはもちろん、組織の個々のメンバーも共有するために、日々の小さな成功体験・失敗体験の積み重ねが必要になってくる。

だからこそ、仕事もできない新入社員の頃からいろいろやらせてみるのだ。たとえば、お花見の責任者だとか合コンの幹事だとか……。はっきり言ってしまえば、どうでもいいような「仕事」である。しかし、それを任された若い人は、そんな「仕事」を馬鹿にして

はいけない。なぜなら、

「合コンの仕切りひとつもまともにできない奴が、大きな仕事を仕切れるわけがない」からである。この某総合商社のおじさんのつぶやきはもっともなのだ。失敗しても、会社にとって痛くもかゆくもないような、こんなどうでもいいような「仕事」を若い人に任せてみながら、おじさん（おばさん）たちは、じーっと見ている。そこに「組織力」構築の最初の一歩がある。

第１章

組織力を宿《やど》す

──組織の合理性

人生は、勢いでしか決められない「重大な意思決定」と熟慮に基づいた「つまらない意思決定」とで彩られている。

実際、結婚だとか就職だとか、あるいはマンションを買うだとか、人生の一大事は、ほとんど「勢い」で決めているとしか言いようがない。だから、人によっては、それを「運命」とも呼ぶのだろう。

たった数百円のトイレットペーパーを買うときには、新聞の折り込み広告（チラシ）等を見て十分に比較検討し、結構遠いスーパーであってもいちばん安いところを選んで買っているような人が、いざ数千万円のマンションを買おうという際には、

「そんなに見比べている風でもなく、モデル・ルームを見て気に入っていただければ、『ここがいい』『ここに決めた』と、お買い上げいただいております」

との不動産関係者のコメントみたいな感じで「勢い」で決めているのである（ちなみに、私はこれまで3回マンションを購入しているが、まったくもってコメントのご指摘の通りで、「勢い」にまかせて購入してまいりました）。

それに対して、通常の「経営組織論」、とくに代表的な近代組織論が暗黙のうちに前提

としているのは、トイレットペーパーを買う時のような後者の「つまらない意思決定」の方である。というか、意思決定論自体が、熟慮に基づいた「つまらない意思決定」を対象とした学問だといってもいい。

その程度の決定問題相手だから、人間は偉そうに合理的に振る舞えるのであり、それ故に近代組織論では、それを可能にするために、組織を形成するのだという議論が展開されるのである。つまり、組織全体では、重大な意思決定に直面していて、とても一人の人間では決められないような大問題を抱えているはずなのに、しかし、その大問題をどんどん分解して、個々のちっぽけな問題――「トイレットペーパーをいちばん安い店で買う」程度の問題――にまでブレークダウンできれば、それを、これまた大して優れているわけでもない凡庸な組織メンバーでも「熟慮を重ねて慎重に意思決定する」ことができるようになる。このお膳立てをしてくれるのが組織の機能というわけである。*1

この組織の機能がうまく発揮されていさえすれば、解決可能な小さな決定問題は組織が用意してくれることになる。ちっぽけな決定問題だったら、まるで比較的簡単な数学の問題を解くときみたいに、合理的に一つの正解を求めることができる。それがあまりにも日常的で、当たり前のことになっているので、不遜な人間はだんだんと己れの小ささと組織

のありがたみを忘れ、たとえば、

「私は組織の歯車にすぎない」

などと「何様？」発言をして、嘆いてみせるわけだ。まあもっとも、誰が解決しても同じ答えしか出ないような問題（＝ルーチン・ワーク）や、取るに足らない問題（＝雑用？）ばかりを日常的にやらされていると、不満の一つも言いたくなるというのが、これまたまともな人間ではあるのだが……。

†集団で勢いをつける

しかし、組織のなかで偉くなればなるほど、直面する問題は「つまらない意思決定」などとは言っていられないレベルになってくる。そんな、とても一人では抱えきれないような「重大な意思決定」に直面してしまった人のために……なのかもしれないが、組織にはもう一つ別の機能がある。それが「勢いをつける」という機能である。この機能は、大きな問題を小さな問題に分解するのではなく、逆に、人間の方が集団を形成することで「勢いをつける」という機能である。

もっとも、これは「赤信号、みんなで渡れば怖くない」みたいな現象を引き起こすので、よい意味での「機能」なのかどうかは疑わしいかもしれない。一般的にも「集団思考」（groupthink）＝集団的浅慮、などとも批判されることの方が多い。[*2] しかも面倒くさいことに、この手の集団心理はかなり不安定で、いつもリスキーに（つまり「勢いをつける」方向に）ばかりシフトするわけでもなく、時には逆に慎重にシフトすることまであるといわれている。[*3]

ただ面白いことは、現実には勢いでしか決められないようなこの「重大な意思決定」を、「非合理的だ」で片付けてしまわないで、事後的であれ何であれ、なんとか合理的に説明できないかと、研究者がみんな努力をしてきたという事実である。２００２年にノーベル経済学賞を受賞したカーネマン（Daniel Kahneman）らの研究も、結局のところ面白いのは、実際の人間の経済行動は従来の経済学理論ではつじつまが合わないので、なんとか理屈をつけて合理的な説明ができないかと試みたところだった。

そんななかで見えてくる「組織の合理性」の本当の意味。それこそが本書の注目ポイントなのだが、まずは、熟慮に基づいた「つまらない意思決定」の話から始めることにしよう。実は、つまらないどころか、結構、笑える（?）のだが……。なぜなら、組織がからんでくると、「つまらない意思決定」も、そう単純なお話ではなくなってくるからである。

1　結論よりもプロセスの方が大切だよね

†ありがちな意思決定

質問　自分が所属している組織やグループで、最近体験して印象に残っている意思決定のプロセスの例を話してください。

仮に、そのように訊かれたら、みなさんだったら、どのような体験談を披露してくれるだろうか。もしみなさんが大学生だったら、たとえば、こんな体験談？

例1　インターンシップ先で、ある企画を決めなくてはならない会議がありました。四つの企画案が出され、それぞれの担当者がプレゼンをして、まあそれぞれ一長一短があり、私みたいなインターンには甲乙つけがたいなぁ……と思って見ていましたが、三番目のＣ案のプレゼンが終わったときに、室長が「この企画、面白いねぇ」とボソッと言ったんですよ。そしたら、全部の企画案の説明が終わって、さあこれから比較検討をというときになったら、ヒラの室員みんなが、次々と「Ｃ案がいい」と発言するじゃないですか。ていうか、なぜＣ案がいいのかという理由をみんなで考えている感じなんですよね。いや、もちろん私には、なぜＣ案がいいのかは、はっきりとは分かりませんよ。ただ、室員が「Ｃ案がいい」という理由を挙げているときに、ときどき室長がうなずくことがあって、私も自分の意見を言ったら、室長がうなずいてくれて、「やったぁ！　正解だぁ！」なんてホッとしちゃったりして。

例２　私の所属している音楽サークルの話です。私のサークルには「神」と呼ばれている人がいまして、まあ音楽的にいろいろなことを知っているということもあるし、楽器の演奏もうまいし、みんなが一目置いていたわけですよね。ところが、ある日、次の演奏会で何を演奏しようかという話になったときに、その「神」がですね、もう一方的に、この曲がいいと言い張るわけですよ。でもその曲、結構難しい上に、実はそのときみんなの間では演奏したいと思っていた別の曲があったんです。それは私たちにとっても思い出があるし、とくに卒業を控えた4年生にとっては、記念碑的な意味のある曲だったんですよ。でも「神」は「そんな昔やったことのあるような曲はやってもしょうがない。もっと新しい曲にチャレンジしよう」の一点張りで……。結局、確かに「神」の言っていることは正しいし、「神」の言う通りには決まったのですが、その後、サークルはばらばらになっちゃって……。とくに4年生はあまり練習にも来なくなって、寂しい演奏会になってしまいました。

例3 私の通っていた高校では、2年生になると応援団長を一人選ばなくてはならないことになっているのですが、そのルールに特色があって、無記名投票で95%の信任を得なければいけないことになっているんですよ。95%ですよ！　だから、場合によっては、何度も投票を繰り返すことになって、95%の信任を獲得する人が出てくるまで、毎週1回投票を繰り返すんです。まあ、決まってしまえば、何しろ95%以上の人が信任したわけだから、あとはすっきり一丸となって応援……なのですが。

例4 私のバイト先での話です。私自身はバイトなので、書類のコピーや整理、パソコンでのデータ整理をしているだけで、あまり意思決定らしきものにはかかわったことはないのですが、実は、1カ月くらい前に、データを整理してグラフを作っておいてと頼まれて、一生懸命データを整理していたことがありました。でもそのデータ、何のデータなのか分かんないんですよ。何かの売上のようでもあり、でもパーセントが出てきたり、何かと何かを比較しているのですが、それも分からない。不思議に思って、「グラフのタイトルは何にしますか？　これっていったい何のデータなんですか？」って聞いたら、「君がそんなこと知る必要はない！」と怒られて、まあ確かに、私はバイトだし……。そしたら、それは、仕入先を変えたら、こんなにコストダウンできますよってことを示すためのデータだったらしいんですよ。でも、結局、そのお話は、土壇場でひっくり返されてダメになったとか。なんでも、あんまり秘密裏に話を進め過ぎたせいで、社内の会議で説明したら、ある部長さんが「俺はそんな話聞いてない」と怒ってしまって、もう最悪の雰囲気だったそうですよ。その人、あの勢いはどこへやらで「俺、もうしばらく立ち直れないよ」って、すっかりしょげてて、なんだかすごーくかわいそうでした。

†決めるまでのプロセスが勝敗を決する

なんだかなぁ。という感想を持った人も多いことだろう。これって意思決定なの？　という感想を持った人も多いはず。しかし、これが組織のなかの意思決定プロセスなのである。しかも、かなり優れた記述である。

実は、現実の意思決定では、ただたんに「最適な選択肢を選ぶ」みたいな幼稚な意思決定は少ない。ふつうは、決めた後のことまで考えて、意思決定プロセスを進めるのである。何しろ「神」が決めた正しい選択も、よりコストが少なくて済む選択肢も、結局は意思決定プロセス次第でうまくいかないのである。決定した後、スムーズに実行ができるためには、必ずしも「経済的に」最適な選択肢である必要はないし、もっといえば、決定内容自体よりは、みんなの合意・賛同・納得を得られるような決め方の方が、スムーズな実行のためには決定的に重要になるのである。

実際、こんな昔話がある。それは、日本的経営がブームになる以前、日本の企業が欧米企業をお手本に経営革新を進めていた１９６０年代のこと。日本経済の高度成長を目の当たりにしてもなお「日本的経営」＝「欧米に比べて遅れている」という固定観念が日本の経営学界に支配的だった頃、いわゆる「稟議制度」は先進的な日本の経営学者の批判の的であった。稟議「制度」といえば堅苦しいが、要するに、今でも日本の会社でよく見かける、関係者がハンコをペタペタと押しながら回覧していく、あの稟議書を使うことである。すごい会社になると、重要案件だと50個くらいハンコが押され、稟議書の1枚目はハンコで埋め尽くされるらしいが。

この稟議制度を「業務の執行にあたって広く上長または上部機関の決裁または承認を受けることを定めている場合」[*4]のように広くとらえると、当時の日本企業の経営はまさに稟議的経営そのものでもあった。なにしろ当時は、稟議書の立案者と決裁者・承認者を明らかにした稟議規定が、職位の権限に関する唯一のものだったのだ。職能分化が不十分で、スタッフも未発達、それでもって責任体制も欠如している。だから遅れた日本企業は、稟議制度みたいな前近代的なものに頼ることになるんだと、先進的な経営学者たちは馬鹿にしていたのである。

こうして、多くの日本の経営学者は、企業の近代化につれて、稟議制度はやがて発展解消し、廃止される運命にあると考えていた。ところが、である。すでにお気づきのように、実際、半世紀たった21世紀でも、日本企業の稟議制度は健在である。それどころか、いまや稟議書を電子化した企業まで現れ、稟議書がコンピュータ時代にも生き残ることは確実な情勢になっている。こうなると、稟議制度は優れた意思決定方式だからこそ生き延びてきたと理解するのが、まともな考えというものであろう。

†組織としてどうなの？

事実、歴史的にも1970年代になると、日本的経営のブームが始まり、欧米の学者が、日本企業の経営スタイルにも積極的に評価すべきところがあると絶賛し始めた。有名なのはドラッカー（Peter F. Drucker）で、稟議制度についても、日本企業ではコンセンサス（合意）に基づく決定が行われ、決定までには時間がかかるかもしれないが、決まってしまえば、すでに合意が成立しているので実行は速いと、この制度を肯定的に評価したのである。米国流の意思決定に比べると、確かに日本企業では決定までには時間がかかる。しかし、いったん決定されてしまうと、すでに決定までの過程で合意が取れているので、その分、日本企業では組織としての実行がスムーズで速くなる。ドラッカーは、それを優れているとほめたのである。*5

まさに、ここが重要なポイントなのだが、組織のなかの意思決定プロセスを「優れている」というとき、それはたんに行われた意思決定が迅速で正しいことを意味しているわけではない。残念ながら、経営戦略論や意思決定論では、どうしても直截的に個々の意思決定の合理性や最適性ばかりを問題にしがちだが、本来、組織のなかで求められている優れた意思決定プロセスがそのようなものではないことは明らかである。なぜなら、それは個人の問題ではなく、組織の問題だからである。

つまり、仮に（個人レベルまで）分解して、意思決定を分析、考察することが、個体としての「人間」の研究としては有益だったとしても、最終的に「組織としてどうなの？」というポイントを外してしまったら、もはや経営学的には何の意味ももたない議論になってしまう。むしろ、個々の意思決定の合理性や最適性を能天気に追求することは、経営の現場では、優れた経営や優れた意思決定の妨げにしかならないのである。

2 そもそも問題解決だけが意思決定ではない

†パーソナリティーは違うのに同じような行動？

1978年にノーベル経済学賞を受賞したサイモン（Herbert A. Simon）は、その代表作『経営行動』のなかで、次のような秀逸な「架空の会話」を提示してくれている。*6

販売部長、生産計画部長、工場長、製品デザイン担当技師の間の架空の会話

①販売部長は、顧客が低価格、短い納期、製品の品質を希望していることを代弁し、
②生産計画部長は、販売の予測可能性を望み、
③工場長は、もっと長いリードタイム（時間的余裕）を望み、あまり顧客に無謀な約束をしないことを希望し、
④製品デザイン技師は、デザイン改良に対して工場側の融通がきかないことに不平

を言う。

サイモンが経営者に対して、この架空の会話を聞かせると、彼らはサイモンが自分の会社のことをよく知った上で話しているのではないかと疑ったという。つまり、こうした会話が、どこの会社でもほぼ日常的に行われていたというわけだ。

この現象の面白さは、そもそも、さまざまな組織のなかで、さまざまなパーソナリティーをもった人が、たとえば販売部長なら販売部長のポストにつくにもかかわらず、いざ販売部長になってしまうと、みんながそろいもそろって同じような「販売部長」行動をとるようになるということにある。

この現象が生じる理由についての一つの推測は、販売部長は「販売部長」という役あるいは役割を与えられて、演じているのではないかというものである。しかし、通常の演劇などとは異なり、もともと台本で「販売部長」に①のようなせりふが与えられ、それを覚えて話しているわけではない。あえていえば、状況設定だけが行われていて、そこで「販売部長」の役割を演じているというべきだろう。

実際サイモンは、この「架空の会話」の登場人物について、「彼が受け取るコミュニケーションの量と強さに比例して、特定の問題に敏感になる」と仮定しただけで、こうした会話が予想できるとしている。

つまり、こうした現象が起こるのは、たとえば販売部長が直面している状況、問題が、販売部長特有の類似した組織的プロセスを経て形成されるからだと考えるのである。だから、どこの会社でも「①販売部長は、顧客が低価格、短い納期、製品の品質を希望していることを代弁」することになる。さまざまな組織のなかで、さまざまなパーソナリティーをもった人が販売部長のポストについていながら、直面している問題が似ているために、そこから導き出される行動もまた似てくることが予想されるというわけだ。

販売部長としての「せりふ」は与えられていないが、販売部長としての「状況」「問題」は与えられているので、どこの会社でも同じような会話が交わされることになる。つまり、組織がそうさせているのである。

†問題解決としての意思決定

ただし、こうしたサイモンの説明が意味を持つためには、もう一つ、「状況」「問題」と「行動」（ここでは「せりふ」）とをつなぐためのステップがないといけない。問題が与えられただけでは、行動にはつながらないからである。

そのために、サイモンは、「意思決定」＝「問題解決」であると考えた。つまり、意思決定を「問題を解く」ことにたとえたのである。「問題解決」という用語自体は、サイモンがこうした議論を展開した『経営行動』では活躍しなかったが、後にサイモンが気に入って多用する用語となった。

しかも、サイモンがイメージしていた「問題」は、いちばん基本的で簡単な「問題」、すなわち「択一式問題」であった。つまり、複数の選択肢のなかから正解（あるいは、いちばんもっともらしい選択肢）を一つ選ぶ問題である。

もうこの段階でお気づきかと思うが、普通の試験だって、択一式問題ばかりではない。選択式であっても複数選択もあるし、普通に用語解説問題や論述問題もある。このほかにもいくらでもさまざまなバリエーションの問題形式を考えることができるのであり、「問題解決」＝「択一式問題の解決」だと考えることは、あまりにも単純化のしすぎではある。

が、しかし、私が言い訳しても仕方のないことだが、これは、『経営行動』が執筆された当時、ゲーム理論が登場し、サイモンがゲーム理論から強い影響を受けたことに起因しているので、学問的には間違いではない。[*7] いまや経済学の基礎理論といってもいいゲーム理論でも、実は、プレイヤーは基本的に「択一式問題」に直面することになっている。

そしてサイモンはここまで単純化した上で、「数多くの代替案が実際に実演される一つへとしぼられる」過程を「選択」(choice)とか「決定」(decision)と呼んだのである。[*8] つまり、さきほどの「架空の会話」の例でいえば、販売部長のせりふは台本で決まっているわけではないが、考えうる数多くのせりふのなかから一つを選択して、それを販売部長が実演してみせていると考えるのである。それがサイモンの考える意思決定だった。

†問題解決以外の意思決定もある

ただし、組織のなかでは、実際には何も問題がないのに、定期的に意思決定機会が設けられていることも多い。とくに議題もないのに定期的に開催される会議。唯一の議題が、次回の開催日時の決定だった……なんて経験もあったりして。

これは今に始まったことではなく、大正時代の三井銀行の取締役会(財閥本社である三井合名からの派遣役員もメンバーになっていた)では、1913年(大正2年)下期から1915年(大正4年)まで、週2回ペースで開かれていた取締役会のほぼ2割が「議案ナシ」だったということを明らかにした経営史の研究まである。[*9]

そして、毎年決まった時期に決まって捺印することになる稟議書・決裁書。あるいは、毎年判で押したように「検討中」と書いては、継続案件として処理される書類の山。「実質的に何もしていないのに、これも意思決定なの？」

確かに、サイモンのように「意思決定」＝「問題解決」（あるいは「決定」＝「選択」）と単純化して考えてしまうと疑問に思えるのだが、現在の組織論では、ここまで単純化する考え方は一般的ではない。

たとえば、サイモンの共同研究者だったマーチ（James G. March）らによって提唱されたゴミ箱モデル（garbage can model）では、問題解決は三つの意思決定モードの一つにすぎないことになっている。*10

ゴミ箱モデルで「ゴミ箱」にたとえられているのは選択機会である。そして、まるでゴミ箱にゴミを投げ入れるように、参加者によってさまざまな種類の問題と解が勝手に作り出されては「選択機会」に投げ入れられる。こうして、その選択機会に投げ込まれた問題に対して、その解決に必要な量のエネルギーがたまったとき、あたかも満杯になったゴミ箱が片付けられるように、当該選択機会も完結し、片付けられる。このとき「決定」が行われたものとして考えようというのである……という説明を読んで、「???」と思った人のために、たとえばこんなお話。

会社と同様、大学であっても、本来、会議というものは、そこで問題が議論され、その解決が図られるものである（「問題解決」モード）。

しかし、某大学では大学改革の時期、会議がとにかく長かった。朝の10時から始めて夜まで。会議室に昼食の弁当を持ち込むのは当たり前、ときには夕食まで出前を取って、休むことなく会議を続けたなんてこともあった。

なぜこんなに会議が長くなってしまうのかというと、別に先生方の話すスピードが遅いからというわけではない（確かになかにはそんな、ゆっくりと優雅に話をされている先生もいないことはないのだが……）。実は、問題があまりにも大きすぎたので、議論しているうちに、どんどん根本的で本質的な話に向かっていってしまって、なかなか現実の目の前の選択の話に戻ってこれなくなってしまっていたのだ。

そもそも大学教育の本質とは何か？　大学における研究の在り方はどうあるべきか？というテーマに入ってしまうと、それぞれの先生に一家言あり、傾聴に値する貴重な体験談あり、アメリカはこうだった、ドイツはああだった、フランスは全然違ってた、メキシコでは（?）……って、そもそもここは日本だろ。だったら、明治時代の日本では……いやいや、ひとつここは原点に立ち返って、みんなでフンボルトの大学論（!）を原語のドイツ語で（!!）きちんと読もうじゃないか（???）……みたいな話で、どんどん盛り上がっていってしまうのである。

一つひとつはそれなりに面白く、ためにはなるのだが、何しろこの会議時間の長さである。しかも困ったことに、堂々と正論を掲げられ、大きな問題点を指摘されてしまうと、大学の先生方の体質（学究肌?）として、それを追究して解決せずして先に進むことなど、学者のすべきことではないというような雰囲気になってしまう。

そんな会議を毎週のように繰り返していたある日の夕方、本質的な大問題を真正面に据えて論陣を張っていた長老格の教授が、突然すっくと立ち上がり、こう発言した。

「私は、大阪で講演の仕事があって、今日これから大阪に行かなくてはならないので、新幹線の時間もあるし、このへんで失礼します」

そして、そそくさと退席。一同唖然である。一瞬、会議室がシーンと静まりかえった。そして、ふと我に返る面々。

それまで、あまりにも本質的かつ深刻すぎて、発言するきっかけさえつかめず、口角泡を飛ばす勢いで白熱する眼前の大激論を遠〜い目線で「やり過ごし」て見ていた若い先生方も、ふと我に返った（目が覚めた?）。誰かが、おそるおそる、

「あの〜。期日も迫っているので、取り敢えず決められるところから決めていきませんか?」

と提案する。当たり前のことだが、この世のほとんどのことには締め切りがあり、会議の結論も、ある期日までには出さなくてはならないことに一応はなっている。それに、会議はいかにも根本的で本質的な大問題を扱うためだけにあるのではない。些細で、つまらなくて、日常的で、すぐに結論の出せる、しかもそれでいて、今決めなければ、明日からでも組織の活動がロックしてしまい動きがとれなくなってしまうような目先の小さな決定をこなしていかなくてはならないのだ。

こうして、実は根本的で本質的な大問題は何一つ解決されていないのに、そうした大問題がどこかに飛んで行ってしまったのを幸いに、会議はめでたく決定に至ることとなった（後述する「やり過ごし」モード）。

さて、一つ学習すると、人はどんどん知恵（悪知恵?）が付いてくるものである。

根本的で本質的な大問題を真正面に据えて議論するような立派な先生に限って、会議の

開始時刻に20～30分遅刻してきたりする。これまでは、そんな長老格の教授陣に合わせて、会議も定刻から20～30分遅れて始めるのが半ば慣例のようになってしまっていたが、知恵の付いた若い先生方は、定刻に会議室に集合して、定足数を満たしたら、さっさと定刻に会議を始めることにしたのである。そして根本的で本質的な大問題が投げ込まれる前に、粛々と決定をこなしていくようになった。いつも通り遅刻して会議室に現れた長老格の教授が、

「○○君、今日は何か重要な議論がありましたか？」

と耳元でささやく頃には、決定すべきことはすっかり片付いていて、

「いえ、今日はとくに問題になることもなく、順調に進んでいますが……」

と若い先生は申し訳なさそうに答えることになる。なぜ申し訳なさそうに答えるかというと、その長老格の教授が好きそうな根本的で本質的な大問題が、この大学のどこかに存在していることはわかっているのだが、この会議には投げ込まれなかったことをいいことに、それを「見過ごし」て決定に至っていることを自覚しているからなのである（後述する「見過ごし」モード）。

かくして、「やり過ごし」ていた場合と同様、根本的で本質的な大問題は何一つ解決さ

れていないのに、「見過ごし」で会議はめでたく決定に至り、「大学改革」は軌道に乗ったのであった（……と、まるでその場にいたみたいな書きぶりのフィクションでした）。

†ゴミ箱モデルが提示した三つの意思決定モード

この例で出てきた「やり過ごし」「見過ごし」にも「問題解決」同様に意思決定モードとして市民権を与えたのがゴミ箱モデルなのである。

より正確にいえば、ゴミ箱モデルが意思決定論的に画期的なのは、問題の解決（つまり選択）と決定とは別物であると考えた点にある。言われてみれば当たり前のことなのだが、ゲーム理論的な世界観では見落とされていた重大な死角である。選択機会は問題の存在を必ずしも意味せず、単なる選択機会にすぎない。

ところが、従来は暗黙のうちに、意思決定＝問題解決、と考えていただけなのである。それに対して、ゴミ箱モデルでは、次の3タイプの決定が起こりうると考えられた。

①問題解決による決定（decision making by resolution）……選択機会は、ある期間、問題を抱えており、その間、参加者によってエネルギーが投入される（すなわち、

問題を解く作業が行われる)。問題解決に必要なエネルギー量が投入されたところで、問題は解決され、決定が行われる。これは従来の決定理論型の議論においても暗黙のうちに仮定されていたおなじみの決定である。

② 見過ごしによる決定 (decision making by oversight) ……新しく選択機会が出現したときに、その選択機会に問題が投入されないうちに、すぐに参加者によってエネルギーが投入されると決定が行われる。つまり他の選択機会に存在しているかもしれない問題を見過ごし、当該選択機会に問題が投入されないうちに行ってしまう決定である。

③ やり過ごしによる決定 (decision making by flight) *11 ……問題のエネルギー必要量が大きいと、選択機会に問題が投入されたままで、解決されずにいることになる。しかし、もし問題がその選択機会から飛んで出ていってしまえば、エネルギー必要量が減り、決定が可能になるかもしれない。もっとも、このときの決定ではその出ていった問題は解決されたわけではなく、ただ他の選択機会に飛び移っただ

けである。つまり、問題をやり過ごしているうちに、問題の方が選択機会から出ていってしまい、決定に至るのである。[12]

要するに、従来は決定を「①問題解決」モードだけしかないと単純化しすぎていたので、「②見過ごし」と「③やり過ごし」モードも増やして拡張したのである。これで、現実の組織のなかの意思決定プロセスにかなり近づいたのではないだろうか。

実際に、コンピュータ・シミュレーションを行うと、「①問題解決」が実は一般的ではなく、とくに問題の負荷が大きいときには、「③やり過ごし」による決定が増えてくることも分かっているし、現実にもそうであることが調査データからも明らかにされている。[13]

3 組織の解剖学から生きた組織の学へ

†目的の階層と能率の原則

もうここまで読めば、いずれにせよ、問題解決モードだけが意思決定ではないということはお分かりいただけたことだろう。その上で、仮にサイモンのように、意思決定を問題解決モードに限定して、

「意思決定」＝「問題解決」＝「択一式問題の解決」

と過度に単純化してしまうとどうなるだろうか。そこまで単純化すれば、「合理的意思決定」とは「問題を解いて正しい選択肢を一つ選ぶこと」になり、要するに、直面する択一問題で正解を選ぶことができれば、「合理的」意思決定ということになるはずだ。

とはいうものの、ここまで単純化してもなお、それではいったい何をもって「正解」とするのかという問いを真面目に問われると、これがまた実に悩ましい。『経営行動』を書いた頃の30歳*14そこそこの若き日のサイモンは、この難問を天真爛漫《てんしんらんまん》に割り切ってこう考えたのだが……。

(ア) まず管理階層に対応した「目的の階層」があると考える。

(イ) そして各階層の目的に対して、それを達成するための手段として与えられた選択肢のなかから「能率の原則」にしたがって、最安のもの一つを選ぶ。

これが正解だというのである。確かに、もしも組織のなかに、この章の冒頭でとりあげた「トイレットペーパーをいちばん安い店で買う」みたいなことを仕事としている購買担当者がいれば(若かりし頃、似たような仕事をやらされたような記憶が……)、その意思決定問題はたぶんこんな感じになるだろう。もっと堅苦しく引用すると、

「管理の一つの基本的な原則は、『よい』管理の合理的性格からほとんど直ちに出てくるのであるが、それは、同じ支出を伴ういくつかの代替案のなかからは、管理目的に照らして最大の成果(accomplishment)を挙げる一つがつねに選択されるべきであること、また、同じ成果をもたらすいくつかの代替案の中からは、支出が最小の一つが選択されるべきであること、である[*15]」

ということになる。サイモンは、これを「能率の原則」(principle of efficiency)と呼び[*16]、さらに次のように続ける。

「実際には、能率の『原則』は、原則というよりはむしろ定義と考えられるべきである。

すなわち、それは『よい』あるいは『正しい』管理行動が意味することの定義である」[*17]

しかし……組織の話は、そんなに簡単ではない。なぜなら、組織は生きているからである。(ア)の目的の階層も日々変化しているし、その変化の過程で目的・手段連鎖も錯綜しているのが常態である。そして(イ)では、そもそも目的が変化し、錯綜していくなかで、どの手段が「最安」かどうか、成果を測定・評価すること自体が難しい。つまり、これではまるで、一休さんが、「誰か屛風から虎を追い出してくれれば、捕まえてみせます」と言っているのと同じくらい詭弁なのである。

事実、サイモンの『経営行動』の初版（1947）の第9章「能率の基準」（The criterion of efficiency）では、営利組織への適用は容易だからと横に置いておいて、非営利組織、とくに公的組織で成果（results）を測定することの困難さを強調していた。しかしその50年後、第4版（1997）に至ると、サイモンは今度は「第9章のコメンタリー」を追加して、営利組織でも成果を測定することは困難だとして、その難点を列挙しているのである。

†客観指標を短期にピンポイントで狙う

実際、サイモン自身もいうように、そもそも成果を測定することが難しく、目的に照らして評価することも難しいのに、こうした無理を押して、「能率の原則」で割り切って管理していたら、組織の現場では大変なことが起きてしまう。組織が機能不全を起こして、壊死していくのだ。

たとえば、サイモンもいうように、現実には、いくつもの評価基準が競合するなかで評価しなければいけないはずなのに、[*18]成果を測定する客観指標として、成約件数みたいなものを基準に挙げたとたん、それだけをピンポイントで狙って件数を稼ごうとして採算度外視で契約をとってくる愚か者が必ず出てくるのである。

事実、日本でもバブルのときに同じようなことをして、その後破綻した会社を私はいくつも知っている。たとえば、ある保険会社では、社外・社内で保有契約高を競っていた。そのために次々と繰り出される高利回商品。私のような素人が考えても、市場金利が低下すれば、逆ざやが発生して収益性で大きな問題が生じることは目に見えていた。私がそう質問すると、1989年当時の担当者はこう言った。

「いいんですよ。先生のような素人には分からないかもしれませんが、ウチの業界は保有契約高で競争する世界なんですから。この商品のおかげで、わが社は業界内のランキングを上げているんです」

そしてバブルは崩壊。同社はあっけなく経営破綻した。その保険会社のことを今、ネットで検索すると、次のような解説をされている。いわく……同社は業容を拡大し続けたが、バブル経済が崩壊すると、低金利政策、株式市場の低迷、不動産向け融資の不良債権化等によって、運用利回りが下がり、バブル期に販売した高利回商品の予定利率（生命保険の契約時に約束したもの）よりも運用利回りが下回る「逆ざや」となった。期間数十年の超長期金融商品を確定高利回りで販売するというのは狂気の沙汰である。

そう。「狂気の沙汰」なのである。素人の私から見ても狂気の沙汰だった。業界の常識、そして業界内ランキングのむなしさよ。業界全体が客観指標をピンポイントで狙っていたのだ。かようにも客観指標はインパクトが強すぎ、それゆえ、それと直結する特定業務の成果をあげることばかりに気をとられ、そこだけをピンポイントで狙った行動を必ず誘発してしまう。

†だから成果主義が会社をだめにする

その上、たとえば「毎年査定する」と評価する期間を明言されてしまえば、誰だって、1年以内に成果の出せるような仕事ばかりをやるようになる。それなのに、毎年成果を査

定すると宣言した経営者自らが、

「どうしてみんな、すぐに成果の出るようなことばかりをやるようになるんだ?」

と嘆いてみせたりするのでは、間の抜けた笑い話になってしまう。これは、あなたがそうしろと言ったのだ。従業員が悪いのではない。毎年査定すると言われれば、誰だってそうするのである。

経営者自身だって、そう言われればそうするはずだ。実際、サイモンも嘆いているが[19]、米国では、経営者の短期的利益の追求とそれに基づくあまりにも高額な報酬に歯止めがかからない有様である。これはもうどんなに監視しても無駄である。

日本の監査役(会)制度のようなものがない米国では、経営者の業務執行を監督する機能を期待して社外取締役が存在するのだが、米国における社外取締役制度の実効性に関する研究を横断的に眺めても、①取締役会の社外出身者比率、②取締役会の会長職とCEO職の分離が、企業業績に影響を及ぼしてこなかったと結論されている[20]。つまり社外取締役の実効性自体が問題視されている状態なのである。経営者でもそうなのだから、従業員ではなおさらである。

それに、現場の人間であれば、すぐに理解できる事実だと思うが、数字なんて、1~2

年であれば、いかようにでも作れるのである。このことが、事態をさらに悪化させる。売上を今年度に入れる、来年度回しにする、新規投資を控える、減価償却を抑える、アルバイトやパートの数を減らす、残業しても手当てを出さない（＝サービス残業を強いる）……。しかし、こんな無理を何年も続けられるわけがない。こんなことを続けていたら、会社はだめになってしまう。にもかかわらず、高めの目標を無理して達成した部署に対して、経営者がさらに高い目標を課す愚挙。

「うちの社員はなかなか大したものだ。今度はもうワンランク上を目指そう」

すると、まともな現場からはこんな声だって聞こえてくる。

「うちの社長って馬鹿じゃないの？　本当に現場のことが分かっていないんだ。うちくらいの会社だったら、どの程度の売上、利益が適正なのかってことを知らないんだろうな。これ以上の数字は、もう鉛筆舐め舐め作るしか手がないね」

そして、数字を操作した人間は、危ないと思っているので、さっさと願いを出してどこかに異動してしまい、やがて、どの程度の粉飾があったのかも分からなくなってしまう。達成不能なノルマ制の不毛。旧共産圏の計画経済は、こうして破綻したのである。かつて成果主義で大騒ぎをしていた会社の常務だった人は、こう述懐していた。

「成果主義を導入して、私の担当部署では5年間毎年、目標達成、目標達成……と目標達成を繰り返していたんだよね。でもそうやって5年たったとき、5年前よりも売上が下がっていてびっくりした。私の部下は手品師かと思った。道理でなんだか調子が悪いなあとは感じていたんだけど、もうどこをどういじっていたのかもよく分からない」

そうなのである。こうした典型的な事例が、2000年以降、急速に普及が進んで日本企業を蝕み、そして廃れた「成果主義」だったのである。成果主義賃金とは、簡単に言ってしまえば、1990年代後半から、それまでの日本企業の年功賃金に対して、(a)成果や業績の客観評価を前面に打ち出し、(b)その短期的な成果の違いを賃金に反映させて格差をつけることを狙って大企業で普及し始めた賃金制度、人事システムのことである。成果主義の問題点を指摘するには事欠かないが、*21 ここではごく簡単に、サイモンの『経営行動』第4版（1997）「第9章のコメンタリー」での指摘と関係させて挙げておこう。

†目標を達成しても会社のためになっていない

たとえば、21世紀、外資系の投資銀行と戦うために、成果主義を絵に描いたような人間を数十人も中途採用した日本の金融機関の投資銀行部門の担当者は、5年たってこんな話をしてくれた。

「もう5人しか残っていませんよ。年度内にはゼロになります。いやいや、別に日本の風土に合わなかったから辞めていったとか、そういうことではないんです。だいいち、基本的にクビにしたわけですし……。先生が言っていた通り。要するに、ものの見事に目標をピンポイントで狙った行動に出たわけですよ。でも、目標さえ達成すれば、後はどうなってもかまわないというものではないでしょう。そんなの当たり前ですよ。もちろん、うちのマネジャーだって、だまってはいません。彼らを呼び出して注意しましたよ。そうしたら、『私は契約書に書いてある通りの目標を達成した。そのことにどんな問題があるんだ。文句を言うんだったら、契約書を作った人間に言ってくれ』ですからね。やってられないですよ。いくら目標を達成したって、彼らのしたことは、うちの会社のためになっていない。だから、全員、契約を更新しなかったまでです。もううんざりですね」

これはサイモンもいっていることだが、会社全体の最終的な目標に対して、現場の個々の結果がどのような価値をもっているのかを評価することは難しい。そもそも部門間相互依存性の高い組織では、部門ごとに評価すること自体が難しい。そして、このこと自体も問題なのだが、もっと深刻な問題は、難しいことをいいことに、現場では、とんでもないピンポイント狙いが成果主義の名の下に正当化されてしまうことなのだ。

†外資系企業が陥りがちな負の連鎖

似たような話は外資系ソフト会社でも聞く。外国人マネジャーが「業績を上げる」ために、取ってはいけない契約を取ってきてしまう。たとえば、確かに金額的にも利益率的にも高い契約なのだが、問題は相手が業界では札付きの連中だということである。実際、ソフト納入後もクレーム、クレームの連続で、一度契約してしまうと、金にもならないのにクレーム処理で、ずっと付き合い続けなくてはならなくなる。だから取ってはいけない仕事なのだが、外国人マネジャーは、その禁じ手を使って受注時の数字だけを上げると、それを成果にして、さっさと逃げるように国外に異動（昇進）していってしまう。

ご本人は「敏腕マネジャー」と評価され、ご満悦だろう。しかし、残され、その後始末に追われる日本国内の現場では、士気もパフォーマンスも低下する。その責任だけを押し付けられる羽目になる。しかもそんな状態が続くと、負荷が集中する優秀な社員から先に、嫌気が差して辞めていくので、それがまたさらにパフォーマンスの低下を招く。すると不振部門のテコ入れのために、米国本社からは次の「敏腕マネジャー」が、数字を上げるミッションを帯びて、また送り込まれてくる。まさに負の連鎖、泥沼である。

あるいは、コンプライアンス（法令順守）的にも問題を起こし、法律に抵触するようなことも起こる。金融庁から業務改善命令や業務停止命令を繰り返し受けている外資系金融機関の場合、取引を担当した部署は、本国の本部から業績改善を迫られ、しかも取引の中心人物は業績連動型報酬であり、そのことが法令順守をないがしろにして、収益追求に走る企業風土につながっているのではないかと指摘されている。

†見送ればクリーンヒット？

法律に抵触しなくても、クレーム処理などでは悲惨というか、笑える（？）光景にまで遭遇する。本当は、会社にとってクレーム処理は、それで会社の評判が決まってしまうほど重要な仕事なのだが、クレームというのは事前に予測できない性質のものである。どんなクレームが発生するかわからないし、どこが受けるかもわからない。「三遊間ゴロ」を拾うようなものだとある会社の人が言っていたが、課と課、部と部の間で部署間に転がってくるようなクレームをもう誰も拾わなくなる。

野球でいえば、見送れば「ヒット」と記録されるのに、わざわざ手を出して、自分の

「エラー」として記録してもらう馬鹿はいない。そんなときは、へたに身動きせずに、立ちつくしたまま見送って、まるで野球中継でアナウンサーが、

「おーッと、あまりにも鋭い打球で、野手が身動きできません！　きれいに三遊間を抜けて行きました！　見事なクリーンヒットです！」

と実況するように、

「敵ながら天晴れなクレーム！」

とみんなで言ってしまえば誰の責任でもなくなる。実際、

「課長、知ってますか？　向こうについている弁護士さんのことですよ。業界では有名な人らしいですよ。ほら、こんな新聞記事にもなっちゃってます。いやー、あんな人が相手じゃ、裁判にでもなったら、うちはどんなことやっても負けちゃいますね。もうどうしようもないですよ」

と言って、みんなで笑いあっていたなどという会社まであるのである。これでは、もうおしまいだ。

本来、現場では、事前に予測不可能な「事件」に対して、それにいかにうまく対応し、切り抜けるかが求められている。そのはずなのに、最初に評価項目に挙げられていない厄

介な仕事からは、誰もがみな逃げることばかりを考えるようになってしまう。

これはある意味当然なのであって、だからこそ、こうした光景は、成果主義を導入した企業ではどこでも日常的に観察された出来事なのであった。これは評価項目を明確にして成果の測定にこだわる以上、当然の帰結なのである。改善策は存在しない。これをやったら会社が本当におかしくなる。

†サイモンが描いたのは組織の解剖図だった

かくして、「能率の原則」を実際に生きた組織のなかで意思決定に用いることには無理がある。サイモン自身が『経営行動』第4版（1997）「第9章のコメンタリー」で列挙している難点を逆手に取れば、要するに、ごく短期の限りなく独立した決定問題にまでブレークダウンされていないと「能率の原則」は使えそうにない。いったいサイモンは、どのような組織をイメージしていたのだろうか。

サイモンは、たとえば『経営行動』1冊のなかでも、さまざまな批判・否定を繰り返している。このように否定形で語られるイメージは、初学者には実にわかりにくい。しかし、サイモンには面白い癖があって、サイモンの主張するものは、サイモンが批判するものと紙一重、つまり、わずかしか違わないという特徴がある。そのわずかな違いを一生懸命批判する（つまり自分の貢献として主張する）のが、サイモン流（というか、「優れた研究者」流?）なのだ。したがって、サイモンによって一生懸命批判されているものを理解すると、サイモンの抱いているイメージがはっきりする。

たとえば、サイモンは「多くの人々にとって、組織とは、組織図や職務記述書に関する精巧なマニュアルそして公式な手続きに具体化されたものである」*22として、それを批判するが、ここに挙げられている組織図、マニュアル、手続きは、後のサイモン自身の著作で組織の「プログラム」として取り上げられることになる。*23違いは、サイモンはたんなるプログラムのかたまりではなく、それに意思決定プロセスを重ね合せることで、組織をイメージしていたこと。そして、コミュニケーションとして、権限のメカニズムに限定されず、広く影響モードを取り上げたことにある。

つまり、サイモンの組織イメージは、たとえていえば「骨格」にあたる目的の階層をもち、それに「器官」にあたるプログラムのかたまりが手段として対応し、権限を含めたさまざまな影響モードを「神経系・血管系」として張りめぐらせた存在なのである。そして組織を構成する各器官のレベルで、能率の原則に則って、それぞれが正しい意思決定をすることで、組織全体でも調整された組織行動をとることができるようになっているとイメージしたのである。

これは、組織の解剖学的な記述としてはありうる記述である。つまり、おそらく死んだ「組織」を解剖すると、あるいはホルマリン漬けになった「組織」を丹念に観察すると、こんな感じになるのだろう。しかし、それ以上の意味はない。このことにサイモンも大筋で同意するはずである。

というか、『経営行動』の読者がそう理解することは、サイモンの意図通りのはずだ。なぜなら、サイモンの『経営行動』の最終章である第11章のタイトルは、そのままズバリ「組織の解剖学」(The anatomy of organization) だからである。その章で『経営行動』の内容がまとめられ、締めくくられる。

4 「組織の合理性」は意思決定の後で見出される

†子どもの屁理屈は合理性の本質を突いている

しかし、解剖図レベルで議論される「組織の合理性」の話では、当然のことながら時間が止まってしまっている。そんな状態では因果関係も時間的前後関係も分からないはずで、本当は、「これって合理的意思決定だよね」などとぱっと見で判断してはいけないのである。実際、生きている組織のなかで「合理性」を観察してみれば、実は、生きている組織のなかでの「合理性」というものは、自らの行動を説明するのにもっともらしい歴史を事後的に作っては変える回顧的なものだということが見えてくるのである。*24

たとえば、小さい子どもがいたずらをすると、よく親や先生からこう叱られるものである。

「どうしてこんなことしたの！　ちゃんと説明しなさい！」

もし「やりたいからやったんだ」などとふてぶてしく答えていたら、拳骨がとんでくるかもしれない。そんな答えじゃ言い訳になっていない。せめて、

「もし僕がこうしなかったら、きっと×××みたいになって、もっと大変なことになると思ったんだ」

などと、ありそうもない空想の選択肢×××であっても、何かを思いつかなくては、言い訳にはならない。要するに、作り話でも何でもいいから、その場を取り繕って、一応の納得を得られる言い訳を思いつけば、「合理的」なのである。それを大人は、

「屁理屈を言うんじゃない！」

とまた叱るわけだが、大人になっても、そんな屁理屈体質が治っているわけではない。というか、子どもは合理性の本質的な部分を的確に見抜いているのである。それに比べたら、

「これが世の中というものです」

「これが時代の潮流というものです」

「これがグローバル・スタンダードなのです」

みたいな屁理屈にもならないことを訳知り顔で唱えるのは論外である。言い訳にもなっ

ていない。昔、無茶苦茶なことを主張しては、最後に「これが定説です」と締めくくっていた教祖様がいたが、これではそれと五十歩百歩である。

†事後的に見出される合理性

実際、階層組織のなかでは、こんな屁理屈にもなっていないような理由で、どうにも腑に落ちない、納得できない指示を上司から受けて、気が進まないなりに、それに従おうと自分を納得させるのに苦労するケースがいかに多いことか。

そんなとき、人はいろいろな言い訳——合理的な理由——を考えては、自分自身をああだこうだと一生懸命なだめ、説得するものである。そのときの言い訳は、「合理的」でなくてはならない。でなければ自分自身が納得できないからである。

それでは、どんな理屈（屁理屈?）があれば「合理的」に思えるのだろうか?

そのことを理解するためには、「今思い起こしても、どうして自分があんな行動をしてしまったのか、正直言うと説明ができない」、そんな自分自身の体験を思い出してみればいい。すると、とくに「勢いで決めてしまった重大な意思決定」ほど、後悔しないために、後でいろいろと理由をつけて合理化し、自分を納得させてきたことが分かるはずだ。

たとえば、大学生が自分の就職先を決めたとき。就職状況が厳しくて、結局1社しか内定をもらえなかったという場合には、もう選択の余地もないので、迷うこともない（？）。しかし、何社か内定をもらって、その内から1社に決めたというような場合には、人生の一大事であり、迷いに迷うわけだ。

ところが、これが意外と、会社訪問をしたり、インターンをしたり、OB・OGに会ったりしたときの第一印象で、ほぼ就職先の会社を決めてしまっていることが多い。しかも不思議なことに、本命の会社の内定が出てしまった後でも、まだ就職活動を続けていたりすることもある。そして、本命の会社と比べて、他の会社のどこが劣っているのか、どこが自分に合わないのか、どこが将来性に欠けるのか……みたいなことをずっと確認する作業を続けていたりするのである。

それは裏を返すと、本命の会社がいかに正しい選択肢なのかということを事後的に合理化するための作業であり、自分の会社選択の理由・論理を回顧的に整理して、「未来の自分」も含めた他人にも合理的に説明できるようなもっともらしい理屈を考えるためのプロセスでもあったといえる。

要するに、「勢いで決めてしまった重大な意思決定」ほど、先に決めてしまってから、後付けでその理由を考えるという傾向が強くなる。それはある意味で当然であり、その際には、さきほどの子どもの屁理屈同様に、自分の決定の合理化のために、他に、明らかに劣るような選択肢を用意して、それよりも自分の選択の方が良かったと確かめ確かめしながら、言い訳をしてきたはずなのだ。

それはまるで城攻めの際に外堀から埋めていくように、一つずつ他の選択肢のダメなところを探しては消し、探しては消し……、そうやって後付けの理屈をつけては、自分を納得させてきたのである。そうやって、最終的に本丸ならぬ本命選択の納得性にようやくたどり着く。

このとき、意思決定を事後的に正当化、合理化する際に用いられる定義が、まさに、さきほどから登場している「能率の原則」だったのである。つまり、サイモンが言っていたように、

「実際には、能率の『原則』は、原則というよりはむしろ定義と考えられるべきである。すなわち、それは『よい』あるいは『正しい』管理行動が意味することの定義である」。[*25]

まさしく、それ以上でもなく、それ以下でもない。

†なぜ会議が必要なのか?

意思決定論の教科書では、複数の選択肢から最適・最善のものを選択するなどともっともらしく書くのだが、実際の企業や組織のなかの意思決定では、そんな事例はむしろ少ないだろう。

実際の多くの意思決定では、そもそも、「これはいい!」という選択肢が一つでもみつかると、その段階ではじめて会議やらミーティングやらの「意思決定の機会」を設け、その開催までの期間に、その他の代替案をあくまでも比較対象として用意することが多い。なぜそんなことをするのか? 理由は簡単である。合議でものごとを決める際には、なぜこの選択肢を選ぶのかということを皆で納得するために、複数の代替案を比較検討した結果、この選択肢がベストだったということを皆で確認する「手続き」すなわち「合理化のプロセス」が必要だからである。

したがって、ワンマン経営者の会社では、こんな無駄な(?)手続きは必要のないことも多い。文字通り鶴の一声、社長が「これはいい」と言えば、それで十分なのである。日本企業に関しては、こうした決定の仕方と用意する代替案の数には関係があるということも調査データから指摘されている。[*26]

本命の選択肢が二つ以上あるような場合には、個人の意思決定であれば、普通の意思決定が行われるはずだが、組織のなかの意思決定では、たとえばA案派とB案派に分かれて両者が対立するなどということも出てくるだろう。しかしそれでも、本命の選択肢がまったくないよりはましである。最終的には、どちらかを選べばいいのだから。もしも、本命の選択肢がまったくないままに「意思決定の機会」を設け、そこからだらだらとあてもなく、結論が出る見込みもないままに選考プロセスを進めていたら、実際の企業では、上司から「時間と労力の無駄だ」と叱られることは必定である。それこそ非能率的。

事実、ノー・アイデアの企画系の会議などでは、先ほどの大学の会議を笑えないくらい、本当にだらだらと会議時間が延びて、出席者の徒労感は半端ない。1回の会議時間が24時間以上(!)に及んだり、「提案もないのに会議なんてするんじゃない!」と怒る人まで出てきたりするのである。

裏を返せば、実際の意思決定では、最初から本命が存在していることの方が、はるかにまともで能率的な意思決定なのである。要するに、「合理的な意思決定」とか「合理的な行動」とかは、事後的に説明がつけられるもの、あるいは言い訳ができるもののことなのであり、複数の明らかに見劣りするような選択肢を用意しておくことは、たとえそれが事後的であっても、納得性と後々の説明責任を考えると重要な手続きなのである。

†テイストを身につける

「合理性」というものは、行動を説明するのにもっともらしい歴史を事後的に作っては変える回顧的なもの。そうなのである。自分の経験でもそうだった。たとえば、大学で研究者になるためには大学院に行くのが普通である。修士2年＋博士3年の計5年間が標準的な修業年限である。この間、一生懸命勉強もするし、研究もするのだが、実はもっと大切なことがある。それは、その学問分野特有の味覚とか好み——私は「テイスト（taste）」と呼んでいる——を身につけることなのである。

そのためには、その学問分野の「まともな研究者」を師匠と決めて、とにかく追い掛け回すしか手がない。その先生の講義、ゼミ、研究会から飲み会エトセトラ、事情さえ許せば、ありとあらゆる機会を生かして、その先生の一挙手一投足を見逃さぬようにするのである。普通は好きな先生を師匠に選ぶので、恋愛と同じで苦痛でもなんでもなく、自然とそうなってしまうのだが……。

もっとも、いかに好きな先生とはいえ、最初の頃は、「なんだかテキトーだなぁ」とか「いい加減なオッサンだなぁ」とか感想をもってしまうものである。正確にいえば、個々の動きには多義性があるので、何かひとつの意味を見出すことは難しいということなのだが、しかし、そうやってさまざまな状況、局面で、その師匠が、何を「面白い」といい、何を「つまらない」といっているのか？　どんなときに「良い」といい、どんなときに「悪い」といっているのか？　そんなことを何度も何度も見て聞いて経験していくうちに、何かが師匠の心の琴線に触れて、「面白い」「つまらない」「良い」「悪い」と口にしていることが分かってくる。

そしてやがては、そんな「テキトー」で「いい加減」な行動のなかからですら、何か一貫してぶれていない不変の芯のようなものが見えてくるのである。師匠の行動を説明するのにもっともらしい理屈を事後的に作っては変え、作っては変えを繰り返すことで、師匠の「合理性」が回顧的に分かってくるのである。つまり、その師匠のテイストのようなものが分かってくるのだ。

このテイストこそが、研究者として生きていく上で、一生の財産になる。その学問分野のまともな研究者がもっているテイストとは、まさにその学問分野のもつ「合理性」そのものだからである。これさえ体得すれば、その学問分野では研究者として生きていくことができる。より具体的に言えば、その学問分野の他の研究者が「面白い」と思ってくれるような研究テーマを自分で選ぶことができるし、他の研究者が「良い」と思ってくれる研究をして論文を書くこともできる。

それに比べたら、「高度な知識」などには、さほどの価値もない。そんなものは、本や論文を読めば書いてあるし、今のようなインターネットの時代では、大学の図書館を利用しなくても、「高度な知識」を詰め込んだ電子ファイルや情報を、ほとんど無尽蔵に自宅のパソコンから引き出すことだってできる。そもそもインターネットで利用可能なことは、大学院になど行かなくても済むことなのだ。

いまや、わざわざ大学院に行く理由はただ一つ。それは、師匠と決めた研究者と時間と空間を共にし、できれば仕事も共にさせてもらうことで、その師匠のテイスト、すなわちその学問分野の「合理性」を身につけるためなのである。

†思考の底に埋もれていたテイストが姿を現す

こういうのを正統的周辺参加（legitimate peripheral participation ; LPP）とも呼ぶよう

である。新参者は正統的に周辺から実践の共同体に参加していくのだが、自分自身がこれまでにない何者かに少しでも近づくことで自分の熟練のアイデンティティが自覚され、より一層深くものごとにコミットするようになる。つまり、学習とはアイデンティティの形成過程であり、自分が「何者かになっていく」という自分づくりなのである。*[27]

これは会社に勤める企業人であっても、全く同じである。たとえば、優れた創業者によって大企業にまで成長した会社では、その創業者が亡くなってしまった後でも、その創業者のテイストが息づいている。実際、会社の将来、命運を決めるような重大な決断を迫られたとき、後継者たちが構成する役員会議では、誰もが迷い、誰もが躊躇し、誰もが理屈と計算で割り切ることに限界を感じる。そんなとき、出席者の一人がこうつぶやく。

「おやじが生きていたら、きっと、やってみろというと思うよ」

「私も、おやじだったら、きっとそういうと思う」

次々とそう発言する出席者たち。生前、創業者と苦楽を共にし、愛着を込めて創業者を「おやじ」と呼ぶ彼ら。彼らこそが、創業者のテイストを引き継いだ真の後継者たちであり、創業者の魂、精神は、創業者の死後も彼らの心の中に宿っているのである。

そして、あまりにも重大すぎて意思決定ができないとき、ある種の思考停止状態に陥って、もうそれ以上は考えられないという状況になったとき、それまで思考の底に埋もれて隠れていたテイストが姿を現す。[*28] つまり、勢いでしか決められないような「重大な意思決定」であればあるほど、このテイストが決定的に重要な役割を果たすことになるのである。

これは日本企業だけに限る話ではない。ディール（Terrence E. Deal）＝ケネディ（Allan A. Kennedy）は「もう何年も前に死んでいるのに、いまだにその霊魂が会社の廊下を歩き回っている」として、IBMのワトソン（Thomas Watson）やGEのスタインメッツ（Charles Steinmetz）などの逸話を紹介している。[*29] そして、それはやがて、創業者とは一面識もない若手社員にも引き継がれていく。

つまり、その会社にとっては、時間と世代を超えた不変の精神なのである。これこそが、外部から見たときのIBMらしさやGEらしさといった、その会社らしさの正体なのである。

確認するまでもないが、ここでいう外部から見た「○○らしさ」とは、行動パターンのことではない。具体的な行動パターンの裏側・背景にある○○の意思・精神のようなものである。つまり○○の行動や反応を合理的に説明できる何か、すなわち事後的・回顧的に見出される合理性、テイストのことなのである。それを「組織文化」と呼ぶこともある。

たとえば、シャイン（Edgar H. Schein）が『組織文化とリーダーシップ』のなかで定義した「文化」も、実は、観察できるような行動のパターンのことではなく、ある組織の基礎をなしている諸仮定の織り成すパターンだとされていた。*[30]

いずれにせよ、「組織の合理性」とは、自分たちの行動を説明するのにもっともらしい歴史を事後的に作っては変える回顧的なものなのである。

第２章

組織力を紡《つむ》ぐ

——仕事を共にする

†一緒に働いてテイストを共有する

英国の女性経済学者ペンローズ（Edith T. Penrose）は、テイスト、精神を共有することが、企業成長の源泉であることを見抜き、主著『会社成長の理論』のなかで「仕事を共にする」ことの大切さを説いた。*[31]

ペンローズによれば、多くの企業は成長しない。成長しない企業は、多分それぞれ成長阻害要因を抱えているのだろうが、そんな個別の成長阻害要因をいちいち取り上げていても仕方がないので、ペンローズは関心を成長する企業にのみ注ぎ、成長する企業は、いったい、どんなプロセスで成長していくのかを考察することにした。そして、その結果、ペンローズはある結論に達する。それは、成長率には限界があるが、成長（規模）には限界がないという結論である。

そもそも成長（規模）には限界があるという議論は、人間個人の能力には限界があるということが大前提になっている。サイモンが言うところの限定された合理性の概念である。確かに、仮に、一人の人間が常に組織の隅々までコントロールしなければ組織行動に一貫性を保てないというのであれば、一人の人間によって統率可能な規模には限界がある。つまり企業規模には限界があることになる。

しかし、実際に成長して大きくなった企業では、そういった現象は見られない。なぜなら、実際には一人の人間ではなく、ペンローズがマネジメント・チーム（management team）と呼んでいる一団によって組織がコントロールされているからである。マネジメント・チームとは、ペンローズによれば、一緒に働いた経験をもった経営幹部の集団のことである。

その典型的なものが、すでに触れたように、創業者と苦楽を共にし、愛着を込めて創業者を「おやじ」と呼ぶような、創業者のテイストを引き継いだ真の後継者たちの集団なのである。創業者の魂、精神は、創業者の死後も彼らのなかに宿り、それはやがて、創業者とは一面識もない若手社員にも引き継がれ、時間と世代を超えた不変の精神として受け継がれていく。そして、会社の将来、命運を決めるような重大な決断を迫られたとき、このテイストが決定的に重要な役割を果たすことになるのである。

そして、ペンローズはこう言う。マネジメント・チームのメンバー候補者は、時間がかかっても、共になすべき仕事をもたなければならない。だから、新しい企業は小さな組織規模からスタートせざるをえないし、一緒に働いた経験を積んだマネジメント・チームは徐々にしか大きくできない。そのため、企業の成長〝率〟には経営的限界があるが、しかし、成長（規模）には経営的限界はないのだ……と。

こうしたメンバー候補者に、一緒に働いた経験をもたせるための費用（＝成長に必要な投資）をペンローズは「隠された投資」（concealed investment）と呼んだ。そして、大企業は小企業と比べて、必要経費の比較的多くの部分が投資的性格をもっているとも指摘したのである。

一見、何の変哲もない日常の活動や必要経費が、実は長期で見れば企業の成長を支えている。たとえ会計処理上は投資として分類されなくても、たとえ時間がかかろうとも、この隠された投資が企業成長を支えてきたのである。

実際、いま仮に新メンバーが、すでに存在している組織に「参加」することになったとしよう。しかし、当然すぐには新メンバーも含めた組織的な行動は難しいはずである。他の古参メンバーにとって、新メンバーは足手まといとまでは言わなくても、新メンバーの加入が「戦力アップ」につながったと、正直、実感できない期間がある程度は続くはずである。新メンバー自身も最初はもどかしく、あせりもするだろうが、新メンバーが、本当に組織の一員となるのには時間がかかるのである。

つまり、最初から「組織で仕事をする」わけではない。逆説的な感じがするが、まるで糸を紡ぐように――綿、毛、繭から繊維を引き出して、撚りをかけて糸にするように――「仕事を共にすることで、だんだんと組織らしくなってくる」のである。

1 コミュニケーション！

†コミュニケーションの悪さの二つの意味

たとえばコミュニケーションのとり方ひとつをとってもそうなのである。コミュニケーションが悪い、というような自己批判は、どこの会社でも、どの階層でも、よくされるものである。しかし実は、若い社員がいう「コミュニケーションの悪さ」とベテラン社員がいう「コミュニケーションの悪さ」とでは、意味が違うということは、あまり気がつかれていない。

若い社員が「コミュニケーションが悪い」というとき、そのほとんどは「言葉数が少ない」と同義である。つまり、ベテラン社員に対して「もっとたくさん説明してくれないと、何を言いたいのか分からない」と不満をいうときに「コミュニケーションが悪い」というのである。それに対して、ベテラン社員が「コミュニケーションが悪い」というときには「こんなに一から十まで全部俺が説明しないと理解できないのか」という意味になる。

実は、どちらももっともなのである。だから私がこうした不平を聞かされてアドバイスを求められたときには、ベテラン社員に対しては、

「あなただって新人の頃は親切に全部説明してもらわないと分からなかったでしょう？入社して数年は仕方ないんですよ。新人には、くどいくらい詳細に説明してあげてください。それと彼らに質問されたら、時間が許す限り丁寧に答えること。新人に説明してやることで、あなたの頭の中もだんだんに整理されてくるのだから、これはあなたにとってもいい勉強になるんですよ」

そして、新入社員に対しては、

「仕事の基本は、教えてくれるのを待つのではなく、先輩たちのやり方を盗むことにある。黙って待っていないで、先輩たちの後をついて回って、仕事のやり方、ものの見方、考え方、そして業界や社内でしか使われないような特殊な『方言』の使い方まで、とにかく盗

みなさい。最初の数年は仕方ないけど、一から十まで説明してくれないと分からないなんていう状態がいつまでも続くようだと、君はただのお荷物になっちゃうよ」

そう。最終的には、本当に少ない言葉数で、まさにあうんの呼吸、以心伝心でコミュニケーションできるまでに熟達していかないと、組織の生産性は向上していかないのである。もちろん、テイストも身につけないといけない。そのための努力をベテラン社員も新入社員も惜しんではいけない。

たとえば、小売業界で伝説のカリスマ経営者のこんな逸話がある。新規出店で開店を数日後に控えた店舗に、社長が様子を見にやって来た。横には今回の新規出店の責任者でもある役員がぴったりとくっついている。一緒に店内を視察し、一回りして戻ってくると、社長が一言こういった。

「うーん。何か違うな」

「そうですね。違いますね」

そう言葉を交わすと、その役員は即座に店内の改装工事にとりかかり、不眠不休で開店までに改装を間に合わせたという。「伝説」なので多少割り引いて考える必要はあるが、要するに、コミュニケーションの良し悪しと言葉数の多少は別の問題であるということだけは確かなのである。

さらに、私が横で見ていて、笑ってしまったこんな光景がある。ある若手社員が、部長のところでくどくどと現状報告をしていた。本当にくどくどと。すると部長は、しびれを切らしたかのように、話をさえぎってこういった。

「うーん。なんとかならんのか！」

すると若手社員は即座にこう答えた。

「承知しました。なんとかしてきます」

聞いていて思わず失笑である。「なんとかならんのか」ではまるで指示になっていない。それに、そもそも若手社員の方も、そういわれて「なんとかなる」のであれば、最初からなんとかしてくれれば良かったのだ。ところが後で聞いてみると、これは私のような文脈を理解していない第三者には分からなかっただけで、コミュニケーションとしては十分成立していたのである。要するに、若手社員は部長からの「おまえにまかせるから、もう一押ししてこい」というニュアンスの一言がほしかったのである。

†高コンテクストのコミュニケーション

このように、よく知った者同士、境遇も同じ者同士で、お互いに理解がしやすくなる現象はよく見られることである。これは、会話を交わす際に、使われる言葉そのものだけではなく、その文脈（コンテクスト）で、お互いにピンとくる部分が多いからである。文化人類学者ホール（Edward T. Hall）は、『文化を超えて』のなかで、高コンテクスト・コミュニケーション（high-context〔HC〕communication）と低コンテクスト・コミュニケーション（low-context〔LC〕communication）とに分類して議論を行っている。

「低コンテクスト」のコミュニケーションでは、情報の大半は明白に言葉の形にコード化されて、メッセージとして伝達される。それに対して、「高コンテクスト」のコミュニケーションでは、情報のほとんどがコンテクストのなかあるいは個人に内在化されていて、明確にコード化されて伝達されるメッセージ自体の情報が非常に少ない。つまり言葉少なにコミュニケーションが行われる。

一般的に、米国の文化は低コンテクスト（LC）であり、対照的に日本の文化は高コンテクスト（HC）であるといわれている。[*32] 先ほどの例でいえば、若い社員は低コンテクスト・コミュニケーションを前提にしてコミュニケーションが悪いと嘆いていたが、他方、ベテラン社員は高コンテクスト・コミュニケーションを前提にして嘆いていたのである。

ただし、「高コンテクスト」のコミュニケーションといったとき、それは正確にいえば、ただたんに、あうんの呼吸で言葉数が少なくてすむというようなことを指しているのではない。より正確に言えば、文脈によって、発せられた言葉の意味が変わってくるほど、文脈に意味が埋め込まれているという意味である。

たとえば、以前、いろいろな会社の人間が集まって議論をしていたとき、ある日本企業の担当者が、

「いざとなったら、会社に『骨は拾ってもらえる』という安心感が必要ですよね」

と周囲に同意を求めたことがある。ほとんどの会社の人はうなずいていたのだが、ある外資系企業に勤める人だけが、怪訝そうな顔をして、こう問い返した。

「あの〜。『骨を拾ってもらう』というのは『安心感』なんですか？　うちの会社で、もしあの猛烈社長から『骨は拾ってやる』と言われたりしたら、私なんかは『死ね』といわれている気分になるのですが……」

つまり「骨は拾ってやる」という言葉の意味が、文脈に依存して変わるということなのである。

†ハンコ一つ押す行為も文脈で意味が変わる

　これは言葉だけではなく、行為でも同様に見られる現象である。ある会社で、ある若手社員が稟議書を部長のところにもっていくと、部長がいつものように、稟議書の内容もよく読まずに、ポンとハンコを押してくれた。この若手社員、よせばいいのに、ついついこんな一言を。

「部長って、いつも見ないでハンコを押すんですね」

　すると、この部長さん、急に表情が変わって、この若手社員をきっと睨みつけ、声の調子まで変わって、こう言い放ったそうだ。

「いいか。失敗したら私が責任をとります、という意味で私はハンコを押しているんだ。何か問題があるか？　それに見てれば分かると思うが、誰にでもこうしているわけじゃない。これは君がもってきた案件だからこうしているんだ。俺の信頼を裏切るなよ」

　そう言われた若手社員は「しびれた」と述懐していた。この部長にとって、見ないでハンコを押すことは信頼の証。ハンコ一つ押す行為も、文脈によって意味が違ってくるのだ。

　そこで、コミュニケーションのとり方に限らず、こうした、仕事を共にすることで組織らしくなるプロセスをワイク（Karl E. Weick）の『組織化の社会心理学 第2版』[*33]を手がかりにしながら、考えてみよう。それはまるで、仕事を共にすることで見えてきた糸口を撚り合わせ、一つの組織に紡いでいくようなプロセスである。なお、巻末には付章として『組織化の社会心理学 第2版』の逐章解説をつけたので、興味のある読者は付章も参照してほしい。

2 組織化とは何か？

†まるで別人なのに分かる

以前、某社の研修で講演をしたときのこと。電話で事前に研修担当者と打ち合わせをしたが、メールの添付ファイルで送ってもらった地図が簡単すぎて、研修所の場所がよく分からない。研修担当者も電話で説明していても埒が明かないと思ったのだろう。当日、最寄のJRの駅まで車で迎えにきてくれることになった。

「ではJRの改札口のところで午前8時30分にお待ちしておりますので」

「何か目印になるようなものはないのですか？　たとえば、社名の入った封筒とか……初めてお目にかかるので」

「大丈夫です。私の方ですぐに見つけますから」

あ～、多分この人は新聞・雑誌・ホームページの類で私の顔写真を見たことがあるのだな。そう思った私は、了解して、電話を切った。

当日、5分ほど早く改札口に着くと、改札口の回りには、すでに何人も人待ちをしている人がたむろしていた。しかし誰も私に声を掛けてくれない。ちょっと早かったかと思い、私もその人待ちの群れのなかに。ところが、約束の8時30分を5分過ぎても10分過ぎても担当者が現れない。

「やばいぞ。講演は9時からじゃなかったっけ？　すぐに分かるというから、携帯電話の番号も聞かなかったし、研修所の地図ももってきていない。どうやって行けばいいんだ？」

すると、人ごみの中から一人のオジサンが現れて、私の隣の年配の紳士に、

「すいません。高橋先生ではありませんか？」

とやっているではないか。この人が担当者か！　と思い
「あの～私が高橋ですが」
と割り込むと、その人は驚いたように、
「ああそうですか。これははじめまして……」

実は私は2005年12月から、半年かけて10kgほど減量した。大学の定期健康診断にひっかかって、医師から呼び出され、「このままでは幸せな50代は迎えられない」と諭され（脅され？）、減量することを約束させられてしまったのである。脱メタボは成功し、それ以来ずっとリバウンドすることもなく、私は四半世紀ぶりに戻った学生時代の体重と体形を維持している。いまや定期健康診断も全項目クリアである。だから、減量前の写真で私の顔を覚えていても、分からないのは当然なのかもしれない。

しかし……、不思議なことに、それまで私は「分からなかった」と言われた経験が一度もなかったのである。そのかわり、たとえば十年ぶりくらいに会った友人たちは、決まって私にこう言っていた。

「高橋君！　やせたねぇ！　まるで別人だよ！」

そう。「まるで別人」なのに、友人たちは私のことを「高橋君」だと分かっていたのである。外見がこれだけ変わっても、友人たちは私のことを「高橋君」だと同定できていた。彼らは、私の肉体的特徴だけではない何かを見て、「高橋君」と同定していたのである。

†スナップショットでは同定できない

実際、われわれはどのようにして人物等を特定しているのだろうか。たとえば、初対面の頃は、特定するのに使えそうな[*34]（＝意味のありそうな）特徴をピックアップする。これをワイクはイナクトメントと呼ぶのだが、このピックアップした特徴から、「ああ、この特徴Aがあるので、これは○○（たとえば『高橋君』）の可能性が高い」と確認作業をすることになる。

しかし、実は同じ特徴A（たとえば「眼鏡をかけている」）をもった人は他にもたくさんいる。つまり、これだけでは○○以外の人も該当してしまうので一人に特定できない。これをワイクは多義性と呼んだ。[*35] そうすると別の特徴B（たとえば「身長１７０㎝くらい」）も見つけて……という作業を繰り返すことになる。

こうやって、使えそうな特徴をピックアップする作業をしながら、○○を何度も何度も見ているうちに、全体として「○○」が見えてくるようになる。正確に言うと同定できるようになる。そうすると、一目見たときに、「あっ○○だ!」と分かるようになるのである。

この作業は写真のようなスナップショット[*36]を何枚も見てもあまり効果的ではないらしい。それに比べると、動画では、比較的短時間の間に同定できるようになる。実際、いわゆる有名人も、雑誌やホームページなどで写真をよく見かけるという状態のときには、街中で直に出くわしても本人かどうかよく分からないが、テレビに出るようになった途端に顔が割れるようになる。

動画には、人物を特定するための何か秘密がありそうだ。なぜなら、その構成要素が入れ替わってしまったとしても(?)、私たちはその動きから同定することができるからである。

たとえばニューハーフ・タレント(つまり男性)「はるな愛」が「エアあやや」と称して、女性アイドル松浦亜弥(「あやや」)のライブ音源に合わせて、口パクでほぼ完璧に真似た動きをすると、アイドル「あやや」に見えてしまう。つまり、明らかに「あやや」の偽者だと分かっているのに、知覚された行動から、「偽者だけど、本当に『あやや』そっくり」

とまで認識することもできるのである。

それどころか、「エアギター」の名手が、ギターの音源に合わせてギターの弾き真似パフォーマンスをすると、彼が手に何も持っていないことを知っているのにかかわらず、まるでそこにギターが存在し、そのギターを弾いているみたいだと認識することができるのである。

認知心理学[*37]でも、静止した「像」ではなく、「動き」こそが重要だとされている。たとえば曇りガラスの向こうに人影らしきものが写っていても、それが誰かは分からないが、シルエットが少しでも前後、左右に動いた瞬間にパッと誰か分かることがある。つまりその人の姿というものは、静止した「形」からではなく、それ自体は形を持たない「変形」から知覚されるものらしい。環境の「変化」のなかに埋め込まれている「不変項」(invariant)をピックアップすることが、「見る」ということなのだとされている。

†「○○らしさ」が見えてくる

ワイクは、もちろん認知心理学のように視覚に関する議論をしているわけではない。しかし、議論の組み立てはよく似ている。「高橋君」という個人を同定する場合のような視覚のプロセスではなく、組織らしき○○——たとえば「高橋ゼミ」だとか「高橋研究所」だとか「高橋商事」だとか——が組織であることを理解するプロセスを議論するワイクは、それを静止した「形」のもつ多義性が、「変形」「変化」のなかで減少していくプロセスとして説明する。それが組織化なのである。

実際、最初、われわれは○○の動きを見ていても、それが何なのかはよく分からないだろう。個々の動きをはじめとした特徴には多義性があり、何かひとつの意味を見出すことは難しいからである。しかし、そのうち「○○らしさ」が見えてくることになる。

簡単に言えば、組織らしき○○が動き、反応することで、その動きのなかに「○○らしさ」が見えてくるのである。ここでいう「○○らしさ」は第1章でも述べたような、具体的な行動パターンの裏側・背景にある○○のテイスト、精神のようなものである。行動パターンのことではない。つまり、○○の行動や反応を合理的に説明できる何かなのである。

たとえば、第1章でもふれたシャインの「文化」だけではなく、組織の「○○らしさ」は、実にさまざまな呼び方をされる。*39 ある人は「計画」と呼び、*38 ある人は「合意された妥当性（consensual validation）」と呼び、そして最も典型的には「合理性」と呼ぶ。第1章でも「組織の合理性」と呼んできた。ここでいう合理性とは、見る人の目によって最もよく理解されるものであり、[40] 自分自身でも、自分の行動を説明するのにもっともらしい歴史を事後的に作っては変える回顧的なものである。[41]

そう。実は、人物を特定する際ですら、私たちは、視覚的に見えているものだけで同定しているのではないのかもしれない。その人のテイストや精神を理解しているのかもしれない。

たとえば、好きな異性には自然に目が行ってしまう。話す言葉に自然と耳をそばだててしまう。その人が見ているものに目を向け、その人が聞くものに耳を傾け、何を考えているのか、どうしてそんな行動をとるのか、どうしてそんな反応をするのか、必死になって理解しようとしてしまう。次第にある程度は理解できるようになるのだが、完全には理解できないもどかしさ（それが恋愛）。そしてあるとき、とうとうこらえきれなくなって、つい喧嘩腰にこんな言葉を口にしてしまう。

「いったい何を考えているんだよ。僕には君の考えていることが分からない」

そのときの彼女の突き放したような一言。

「自分でも何を考えているのか分からないのに、他人のアンタに分かるわけがない」

そう。残念ながら、あなたはテレパシーを使える超能力者ではないので、彼女の心を手に取るように読むことまではできない。しかし、実は、いまや彼女のことをいちばん理解しているのは、彼女自身ではなくて、あなたなのかもしれないのだ。だって、あなたは、彼女が何を考えているのかは分からなくても、彼女が見たくなるようなものに彼女より先に目が行くし、彼女が聞きたくなるようなものを先に探し当ててしまう。彼女が自分自身でも何を考えているのか分からない、理屈で割り切れないような人間であったとしても、十分、あなたは彼女を同定できている。二人が歳をとって体形が変わって、シミシワだらけになっても、あなたは彼女を同定できるし、ひょっとすると、生まれ変わって（もちろん物質的にはすべて入れ替わって別物になって）、外見がまったく変わってしまった彼女でも、あなたは同定できるかもしれない。そして多分、彼女もあなたのことを……（ちょっとロマンチックに過ぎましたね）。

†分類学上の特徴 vs 生きている姿

それでは、個人ではなく、集団の場合はどうだろう。つまり、人はどのようにして一群の人々の集団を組織として同定できるのであろうか？

いちばん簡単なケースは、その一群の人々がお揃いの服「ユニフォーム」を着ているときであろう。その場合、外見上、「フォーム」が明らかに他の人々とは異なるわけで、そこに組織があるのではないかと想像することは比較的容易である。たとえば、都会では詰襟の制服姿やセーラー服姿の中高生はすっかり珍しくなってしまったが、仮に、東京・渋谷のスクランブル交差点のあたりで、真っ黒い詰襟の制服を着た男子と濃紺のセーラー服を着た女子が10人ばかり一群になって固まっていれば、誰でも「修学旅行のグループ?」とピンとくる。

しかし現実には、同じ「ユニフォーム」を着ているからといって、みんなが組織的行動をとるとは限らないし、逆に服装は違っても組織的行動をとっていることもある。実際、その10人ばかりの一群も、男子校Aと女子校Bの5人ずつのグループが、たまたま有名な(?)渋谷のスクランブル交差点を見物にやってきて、その場で遭遇しただけかもしれない。

実は、物ですらも、「フォーム」だけで同定することは難しいのである。ワイクの本の一節の原文(英語)を斜め読みすると、次のようなことが書いてある。

「メキシコ●●は体長15インチから2フィートまでさまざまで、肉は白身で風味も甘みもあり、体重は14ポンドにも達し、コルテス海の北部に生息している。体には17+15+9のとげがあるので、正確には、このとげの数を数えてメキシコ●●と分類される」[42]●●の箇所には、私が意味を知らない英単語が書いてあった。しかし私は、とげがあり、その数を数えて分類すると書いてあるので、てっきり●●はウニだと思っていた。コルテス海でとれる大きなウニで、身（正確には生殖腺）が日本のウニのように黄色ではなく白色をしているのかと思っていた。翻訳を読むまでは……。

実は、「メキシコ●●」とは「Mexican Sierra」のことなのだが、恥ずかしながら、私のように Sierra が「サワラ」の類の魚を指す単語だということを知らないと、Sierra がウニだと考えても、つじつまは合う（?）……ような。

このように、分類学上は必要であるはずの大きさだとか色だとか「とげの数」だとかでは、仮に分類は可能であっても、「メキシコ●●」が何なのか――ウニなのか？　魚なのか？　あるいはそれら以外の別の何なのか？――は分からないのである。おそらくホルマリン漬けの「メキシコ●●」を宇宙人が発見して、それを科学的に徹底的に分析したとしても、それが「魚」だということ、あるいは「魚」とは何なのかということすら理解できないかもしれない。生きた「メキシコ●●」が海で泳いでいる姿を実際に目にし、捕獲し、食べてみるまでは。[43]

†多義性の削減

たとえば、まだ小学1年生の私が40年後の現代の小学校にタイムスリップしてきたとしよう。目の前の机には、平べったい細長い物体が置いてある。布製で、大きさは縦15㎝×横5～6㎝、厚みは1㎝程度といったところか。色は黒で、袋の横にはチャックがついている。よく見ると他の机の上にも似たようなものが置いてある。ただ、色は黒だけではなく、多彩でいろいろな模様のついているものもある。材質も、布だけではなく、ビニールや皮でできているようなものまである。いったい、これは何だろう？

すると一人の子どもが、その物体を手に取り、チャックを開けて、中から鉛筆を取り出した。消しゴムも出てきた。

「そうか、これは筆箱、筆入れとして使っている袋なんだ！」

それが分かってしまうと、色や材質に関係なく、私は現代の「筆箱」「筆入れ」を同定することができるようになる（実は、このタイプの「筆入れ」が登場したのは、比較的最近なのである）。

この場合、「平べったい細長い物体」という特徴では、それに該当するものがいろいろあって、つまり多義性が大きくて、それが何だか同定することはできない。しかし、筆入れ自体はもちろん生きているわけではないが、机の上に静止しているだけでなく、使われて変化していくその様を見ることで、それが「筆入れ」だと理解できるのである。

†レシピを知らないと

しかし、これだけでもまだ十分ではない。たとえば、テレビ番組で素人やタレントに料理を作らせる企画がときどきある。この場合、料理があまり得意ではない出演者に対して、食材の類は与えられていて、「カキフライ」「肉じゃが」「天丼」などのお題が与えられる。もちろん出演者は、これらの料理を食べたことはある。さてそれでは作れるのか？　実は、難しいのである。それ故番組が成立する。

たとえば、２００８年８月３日（日）放送のＴＢＳ『噂の！　東京マガジン』の「やって！　ＴＲＹ」では、お題は「水餃子」であった。*44 番組では25歳の女性が登場し、ひき肉に卵（!）、片栗粉（?）、ネギを混ぜて、餃子の皮に包んで、いったんフライパンで焼いて（??）から煮て「水餃子」を作ったりする。見た目、外観は「水餃子」みたいな感じになっているのだが、これは水餃子ではないし、食べると粉っぽくてまずい……と試食した友人がコメントしていた。それでは、水餃子とは何か、同番組で放送された水餃子のレシピによれば（レシピでは餃子の皮から作っているが、その部分を除くと）、

①ひき肉250gと調味料（鶏ガラスープの素　大さじ1、醤油　大さじ1、ゴマ油　大さじ1、料理用日本酒　大さじ2、塩・コショウ　ひとつまみ、サラダ油　大さじ2）を混ぜ、よくこねて具を作る。
②ニラ、長ネギ、生姜をみじん切りにして具に加え、よく混ぜる。
③餃子の皮で具を包み、少し塩を加えたお湯で4分くらい茹でたら完成。

という具合に作ったものが、おいしい（＝普通の）水餃子ということになる。

要するに、「レシピ」（recipe；調理法）まで分かっていないと、水餃子が何であるのかを理解できたことにはならないのである。このレシピを知るということは料理に限らず重要なことで、たとえば、「●●とは、一点より等しい距離の点の集合である」という●●の定義だけで、●●をすぐにイメージできる人は意外と少ない。しかし小学校で習ったように、●●のレシピとして、たとえば「コンパスの片方の足を固定してコンパスを回し、も

う片方の足が始点に戻るまで回せ」[*45]まで与えられると、実際に●●を描いてみることができるし、●●が「円」であることをイメージできる。[*46]
フォームという外見だけでは多義性が大きすぎるが、実際に使用してみたり、そのレシピまで分かってきたりすると、多義性はどんどん削減されてくることになる。それは組織でも全く同じなのである。

3　組織の多義性の削減

†因果ループ／因果回路を見つける

再度、同じ問いを繰り返そう。それでは、人はどのようにして一群の人の集団を一つの組織として同定できるのであろうか？　言い換えれば、人はどのようにして組織の存在に気がつくのであろうか？

いちばん簡単なケースは、その一群の人々がお揃いの服「ユニフォーム」を着ているときであろう。その場合、外見上、「フォーム」が明らかに他の人々とは異なるわけで、そこに組織があるのではないかと想像することは容易である（ここまでは先ほどの答えの繰り返し）。

しかし、本当の組織かどうかは分からない。それを確かめる方法は、その一群の誰か一人を「いじってみる」（ちょっと乱暴だが、たとえば、いじめてみる）ことである。すると、他の何人かが、それに対して反応する。こういうのをワイクは因果ループがあると呼ぶのだが[*47]、なるほど、こうして反応が返ってくるところを見ると、少なくとも、この数人は仲間らしい。というか、因果ループでつながっていることは分かる。面白いので（？）、さらにいじってみると、さらに何人かが……。

これほど意図的ではなくても、そのようなことに自然と気付かされる瞬間もある。たとえば、友人の前で、具体的に異性の名前を出して話題にすると、友人がいきなり怒り出したりして、二人が実は付き合っているらしい――限りなく片思いの可能性もあるが――ことを知ったりする。

つまり、このような経験・観察をすることで、一群の集団のなかに因果ループや因果回路の存在を見出すことができたとき（より正確には、因果回路のなかに複数の因果ループが埋め込まれている）、人は、相互依存的な関係にあるその一群を「組織」だと認識するようになるのである。

もっと観察力が鋭く、かつある程度長期に観察できれば、やがて、その組織のなかで、誰がキーパーソンで、誰がボスで、どのような階層構造やネットワークがあるのかまで理解することができるようになってくる。その気になれば、組織図を描くこともできる。しかもその際に、実際の会社や学校や諸々の人工的な境界を意識することはあまりなく、因果ループや因果回路が、そうした境界には関係なく展開していることもすぐに分かるようになる。*48

†安定した相互連結行動サイクルの形成

それでは、どのようにしてそのような因果ループや因果回路ができたのであろうか。それは、まるで綿から糸を紡ぐように、仕事を共にすることで、だんだんと因果ループや因果回路ができてきたのである。

実は、そのプロセスには目的や意思や協働しているという意識すら必要ではない。重要なことは、人々は最初、手段について収斂するのであって、最初から目的について収斂しているのではないということである。まず、共通手段について収斂して「相互連結行動」を繰り返すようになり、その結果として、安定した相互連結行動サイクルが多数形成され、かつ多様な目的をもった者が、それらを使うようになることで、共通の目的へとシフトしていく。*49

実際、相互連結行動を行う者にとって、目的を共有することは必ずしも必要ではないので、知らぬ間に善意で悪事に加担してしまうことも起こりうる。*50 たとえば、次のお話のように。

近所に住んでいる祖父母の家まで、毎日、母親が作った食事を運んでいる小学校低学年の少女がいた。少女は学校から帰ったら、すぐに玄関に置いてある食物を詰めたタッパ入りの紙バッグをもって祖父母の家に届けに行くようにと母親から言われていた。最初の頃は面倒に思っていた少女だが、祖父母がくれるお菓子やお駄賃をなぐさめに、この相互連結行動に加わっていた。しかし、そんな少女も、毎回毎回、祖父母の喜ぶ顔を見ているうちに、食事を届けること自体が楽しくなり、今では苦にすることもなく、日課として繰り返すようになっていた。

そんなある日のこと、いつものように学校から帰ると、その日は、なぜか玄関の外に紙バッグが置いてあった。少女は、母親が留守なのだろうと思い、そのままいつものように、その紙バッグをもって祖父母の家に届けに行った。祖父母はいつものように孫の元気な姿を見て喜び、少女もまたいつものように祖父母の喜ぶ顔を見て、しばらく楽しい時間を過ごした。ただ、いつもと違っていたのは、その日、紙バッグの中身を用意したのが自分の母親ではなく、祖父母に恨みをもつ人間であったということ。そしてその食物には致死量の毒物が混入されていたということだった。もちろん少女には殺意などなく、恨みを持つ人間と目的など共有しているわけはないのだが、安定的に相互連結行動が行われ、結果的に惨劇が起きたのだった。

†二重相互作用→相互連結行動サイクル→レシピ で組織化

このお話のように、ひとたび安定した相互連結行動サイクルが形成されると、相互の予測性が高くなり、[*51] それは多様な目的をもった者にも利用可能になる。それゆえ、本来善意にもとづく行動が、悪い奴にも利用可能になってしまったわけだ。

組織のなかで安定的なフォームはこれらのサイクルであり、これらのサイクルが、多様な目的をもった者にも利用可能であることから、より大きな組立ブロックに組み立てられていく。[52]これが組織化であり、このときに用いられるレシピ、組立ルールが推測されることで、多様な目的から共通の目的へシフトし、多義性を削減して、◯◯らしさが見えてくることになる。[53]

たとえば、ディール＝ケネディの『企業文化』のなかでも取り上げられた逸話は象徴的である。中世の旅人が、道端で一緒に働いている3人の石工に出会った。石工一人ひとりに、何をしているのかとたずねたところ、最初の石工は「石を切っています」と答えた。2番目の石工は「(建物の土台の)隅石を作っています」と答えた。3番目の石工は「寺院を建てています」と答えたという。[54]

要するに、最初の石工が答えたように、3人による「石を切る」二重相互作用が組織的行為の基本には違いない。しかし組織化というのは、それを「隅石を作る」相互連結行動サイクルという安定的なフォームとし、さらにはそれらをもとに組み立てる「寺院を建てる」レシピによって多義性を削減していくプロセスなのである。その際のレシピは、組織メンバーにとって、相互連結行動サイクルの集合を読み、自分たちがいったい何をしているのかを理解する際の文法として機能する。そこまで到達して、はじめて石工は自分が参加している組織を同定できたことになる。

　言い換えれば、1番目の石工のように「石を切る」という断片的で独立の行動をしているだけでは、組織化しているとはいいがたい。仕事を共にすることで、まるで紡ぐようにして、3番目の石工のように「寺院を建てる」まで到達することが組織化であり、そこにたどり着くには、安定的な相互連結行動サイクルを形作り、さらに、それを組み立てブロックとして組み立てるレシピまで共有することが必要になる。

　これがワイクの考えた「組織化」なのである。それはまさに、仕事を共にすることで見えてきた糸口を撚り合わせて、一群の人の集団を一つの組織へと紡いでいくプロセスといってもいい。

4　組織へと紡いでいくために

†必要なのは「仕事を任せられる人」

すでに述べたように、ペンローズは、マネジメント・チームによって組織がコントロールされているので、成長率には限界があるが、成長（規模）には限界がないという結論に達した。

マネジメント・チームとは、ペンローズによれば、一緒に働いた経験をもった経営幹部の集団のことであったが、翻って、成功し、成長してきた日本企業を眺めてみれば、その強みは、ごく一握りの経営幹部だけにとどまらず、中間管理職やその下の階層――会社によっては工場で働く工員一人ひとり――に至るまでもが、マネジメント・チームと呼ぶにふさわしい集団を形成していることにあったといえるのではないだろうか。

これは、いわゆる大企業に限らず、たとえば中堅のメーカーでもそうなのである。中国をはじめとしたアジア諸国に工場進出する場合、実は、現地で工場を立ち上げたのは、語学力や役職に関係なく、「任せるならこの人しかいない」と周囲が認めたベテラン工員であることが多かったと言われている。テイストを共有している彼ら、同じ精神の宿る彼らに、現地での判断は任されたのである。

彼らが世界中に拠点を作ってきた。語学力に長けた「仕事のできる人」（通訳？）は、たとえ高くても金さえ払えば雇える。しかし、「仕事を任せられる人」は、金では買えないのである。

　これは海外進出だけに限った話ではない。あらゆる局面で見られる。実際、ある大手企業で遭遇した光景。新しい事業の立ち上げに際して、社長が人事担当役員に相談していた。

「今度の新事業だが、誰がいいと思う？」

「う～ん。任せられるのはA君しかいないと思いますね」

「やっぱり君もそう思うか。私も同感だ。じゃあAを異動だ」

「だめです。そんなことをしたら、今いる○○事業部までだめになってしまいます。あと3カ月は何があっても動かせません」

「動かせない？　社長の私が言っているのに、どうしてもだめか？」

「どうしてもだめです」

「分かった。じゃあ3カ月待とう。この事業計画は3カ月凍結だ」

　任せられる人材が（社内に）いて良かったですね。私の正直な感想である。そんなとき、どこか外部から人を連れてくればいいではないかと安易に考える人がいるが、確かに「仕事のできる人」は金を出せば買って来ることができる。しかし「仕事を任せられる人」は、そうはいかないのである。

そして、「仕事を任せられる人」こそが企業にとっての希少資源であり、企業の成長を決める決定的な要因なのである。

ペンローズのいた英国とは社会構造が異なる日本のような国では、マネジメント・チームとは、一緒に働いた経験をもった「仕事を任せられる人」の集団と言い換えた方が正しいだろう。しかし、ペンローズが言うように、マネジメント・チームのメンバー候補者は、共になすべき仕事、仕事を共にする時間をもたなければならないことには変わりはない。「仕事を任せられる人」を得るのに抜け道などないのだ。仕事を共にする経験を持たせない限り、仕事を任せられるようにはならない。それには時間がかかる。とにかく時間がかかるのである。

†アフターファイブも共にする

仕事を共にするというのは、たんにビジネスライクに、給料をもらっている時間だけ仕事を共にするという意味ではない。アフターファイブも含めて、本当の意味で仕事を共にするという意味なのである。

なぜなら、今、目の前にある仕事だけならば、勤務時間内だけで片付くかもしれないが、過去の仕事のなかから自分たちが経験したことや抱いた思いまでも同僚、部下、後輩と共有しようと思ったら、勤務時間の外を利用しなくてはならないからである。

にもかかわらず、最近、おじさん達が、若い人を連れて飲みに行かなくなったといわれている。「若い人も行きたがらないしね……」といった愚痴も聞こえてくる。しかし、実は、今のおじさん連中が若かった頃も、メンタリティーは今の若者たちとたいして変わらなかったことを思い出してもらいたいのである。

あえて、昔と今はどこが違うのかと言えば、昔の方が、会社の金で、接待に若い人を連れ回していた頻度が高かったということだろうか。それをマイホーム世代の当時の若い人達（今のおじさん達）が断ろうものならば、

「君、これは仕事だよ！　お得意さんが来るというのに、担当者の君が来ないんじゃ、お話にならないだろう。仕事なんだから来なさい」

とか上司にいわれてしまい、渋々ついていくと、お客さんの方は1次会か、せいぜい2次会止まりで帰してしまい、あとは会社の上司や仲間とハシゴして飲み歩くことになるのである。ただし、それが無駄だったのかと聞かれれば、私と同世代のサラリーマンは、みんな「無駄ではなかった」と答えるだろう。そうした機会でもなければ、上司の「昔の

話」も先輩の「昔の話」も聞くことがなかったし、職場の同僚がどんな人生を歩んで、どんな仕事を経験してきたのかも知らないままのはずだったから。

だから、おじさんたちも、若者の将来を考えれば、首根っこをつかまえてでも連れて行き、たとえ自分一人が嫌われようとも、自分たちの成功体験や失敗体験（ほとんどが失敗談かもしれないけれど）、そして、自分たちがどんなときに仕事のやりがいを感じ、どんなときにやる気を失ったか、自分たちの体験を伝えるべきなのだ。会社や仕事に対する自分たちの思いを伝えるべきなのだ。たとえ同じような話の繰り返しであろうと、若者にはウケが悪そうな話であろうと、繰り返し、繰り返し、耳にタコが出来るくらい、とにかく伝えて伝えて伝えるべきなのである。

「今日の課長の話は3回目だな。しかも聞くたびに微妙にディテール（細かいところ）が違う」

などと陰口を叩かれても、きちんと伝えるべきなのである。

そうすることで、はじめて若者にも、将来の仕事のイメージや自分のキャリア・パス、自分の会社のポジショニングなどが分かってくるのである。5年後10年後自分がどんな仕事をしているのかが、おぼろげながらにも見えてくるのである。そして若者たちは、生意気にもこう思うはずだ。

「うちの課長（部長）って、たいしたことないよな。あのくらいだったら俺にもなれるさ」

ただし、若者は現実的でもある。

「でも、今すぐ課長（部長）をやれといわれても無理だな。あと5年、10年、ある程度仕事を経験させてもらわないと無理だ」

これが本当に地に足のついたキャリア開発、キャリア・デザインなのである。こんなプロセスなくして、会社の未来を託すことのできる次の世代の人間が育つわけがない。たとえ煙たがられようが、嫌われようが、そうした話を若者に繰り返し聞かせるべきなのである。

†誰に聞けばいいかが分かれば、問題は8割方解決したも同じ

失敗談ばかり話していれば、若者にとっては愚痴話にしか聞こえないかもしれない。確かに客観的に言えば愚痴話だろう。しかし、それはそれでいいのである。この愚痴話が意外なときに意外に役に立つときがそのうち来るから。たとえば、トラブルに巻き込まれて

「なんでまた俺がこんな目に……」

などとぼやきながら、状況報告を聞いていると、ふと、

「あれ？　似たような話、どこかで聞いたことがあるなぁ。そうだ！　思い出した！　以前、A課長が居酒屋で愚痴話をしていて盛り上がっちゃって、誰かのせいでひどい目にあったとかいって、さんざんこき下ろしていたな。えーッと誰だったっけ？　あっそうだ！　B部長だ！」

とはいえ、A課長は海外出張中。帰ってくるのを待っていられるような時間的余裕はない。腹をくくって、おそるおそるB部長に直接電話を入れる。平身低頭、事情を説明し、教えを請うと、

「なんで君がその件を知ってるんだ？」

「以前、A課長から部長の武勇伝（？）をうかがったことがありまして……」

「おおっ。あいつまだ覚えていたか。よしよし、午後5時には会議が終わるから、そのとき来なさい」

そう言われて、午後5時にB部長を訪ねると、

「俺もよく覚えていないから、こいつに電話してみなさい。さっき、電話しておいたか

ら」

　とか言われて、名前と電話番号を書いた紙切れを渡されたりして。だったら、さっき電話でそう言えよ、と内心思うものの、とりあえず、これで問題解決の糸口は見えてきた……。ある会社では、誰に聞けばいいのかが分かれば、問題は8割方解決したも同じとまで言われている。

　要するに、この手の話は9時～5時の勤務時間には話さないのである。というか話している暇がないのだ。言い方を変えれば、(たとえ愚痴話でも)お話をうかがう時間的な余裕すら勤務時間中にはないのである。某総合商社の人事部長はこう言っていた。

「課長には、いつも部下を引き連れて飲みに行って人間関係べたべたの感じで部下と仕事をしているタイプの課長と、何事もビジネスライクにクールに仕事をしているタイプの課長がいます。どっちが格好いいかといえば後者のクールな課長で、若者にもウケが良いようです。でもね。5年、10年たったときに、どちらが伸びているかと問われれば、それは明らかに、人間関係べたべたの課長の下で育った連中の方なんですよ。それはわれわれにも分かっているんですよね」

仕事を共にするという経験は、無計画にやっていては難しいときもある。というか、「共にする」以前に、どんな仕事を経験するのかも、無計画や本人任せにしておいては、まずい結果に終わる可能性が高い。

†実務経験を積ませるのは大人の責任

実は、たまたま2003年度に某社団法人の人材育成委員会・教育システム評価部会でITSS（ITスキル標準）にもとづく教育システムの評価にかかわったことがある。教育システムの最初のエントリ・レベルのステップはeラーニング。次のステップからはミドル・レベルで問題解決型の集合研修を積み上げて行うというものだった。

一応、評価委員なので、実際に、eラーニングのシステムにも自分でアクセスしてみて、試しにやってみたりした。なるほどなるほど、などと感心しながら、eラーニングのコースは修了できたので、ちょいと欲が出て、集合研修の方も体験してみたいと思い始めた。そこで、教育システムの開発担当者の一人に、試しにいちばん初歩の集合研修でいいから、受けさせてほしいとお願いしてみたのだが、これがまた、あっさりと「だめです」と断られてしまった。けんもほろろとはこのことだ。それでも引き下がらずに、しつこくお願いすると、こんなことを言われてしまった。

「先生、ここに何て書いてあるか読めませんか？」

（しっ、失敬だな。そのくらい読めるよ）

「どの集合研修にも、特定の仕事で『実務経験○年』とはっきり明記してありますよね。これが集合研修を受けるための条件なんですよ。実際にその仕事を何年か経験して、仕事のなかで、現実の問題やトラブルにぶつかった経験をもった人がこの研修を受けて、はじめて、なるほどと研修の内容を理解できるのです。次のワンランク上のスキルを目指せるようになるのです。そのための集合研修なんですよ。だから、実務経験が何年かないと、そもそもお呼びじゃないんです」

あきらめの悪い私は、それでも食い下がり、

「じゃあ、その実務経験はどうやって積むの？　会社や人事部の方針で決まってしまい、自分では希望を出してもどうしようもない部分だってあるだろうし、そもそも、ＩＴ系の技術者は、コックピット症候群のような人も多くて、クライアントと接触すること自体を嫌がったりしてると、特定の仕事の実務経験なんて、そもそも積めないんじゃないの？」

すると、担当者の口から、きわめて真っ当なのだが、意外な答えが返ってきた。

「そうしたローテーションは、まともな上司や人事部であれば、ちゃんと考えているはずです。そのためには、ご本人が今のスキルから外れて苦労することはあったとしても、もっと幅広い経験を積ませる必要があるし、人付き合いの苦手な人であっても、多少は営業的な仕事を経験させてみる必要もある。その人のことを本当に考えているのであれば、その人のこれからのキャリア・パスや将来のことを考えて、たとえご本人が難色を示したとしても、たとえご本人からは恨まれようとも、嫌がる本人を説得してでもローテーションを回すのが、まともな上司や人事部というものなんですよ」

ヘェーッである。まさか、ＩＴ技術者を絵に描いたようなこの担当者の口から、こんな真っ当な意見が聞けるとは思いもしなかった。ＩＴのようなスキルの比較的はっきりした分野ですら、本人の好きに任せていては、スキルアップは難しいのである。そのことを若者に説明し、説得するのは、「ちゃんと考えているはず」の上司であり、人事部であり、究極的には経営者の役割なのである。それこそが責任ある大人の仕事なのである。

†他人のせいにできるのは入社数年間だけ

かようにベテラン社員に責任を求めるのであれば、同時に若者にも我慢と自覚を求めたい。でなければ、彼らを組織へと紡いでいくことなどできないからだ。我慢もせずに逃げ回ってばかりいたら、いつまでたっても、お荷物な新人のままで終わってしまう危険性があることを若者は自覚すべきである。

以前、大学の学部のゼミで人的資源管理論の文献を読んだときのお話。一通り報告が終わると、学生同士が、自分のアルバイト体験を例にしながら、ＯＪＴや研修についての議論を始めた。某有名コーヒー店チェーンで受けた行き届いた研修・ＯＪＴの例もあれば、某有名人材派遣会社で体験した呆れるほどお粗末な研修の例（そのせいかどうか、その会社は後で事実上廃業）もあり、聞いていて実に面白い。

しかし、白熱している議論を聞きながら、ＯＪＴや研修が良いとか悪いとか言っていられるのは、アルバイトや若い人の特権だなぁとつくづく感じた。正社員であれば、自分の不始末をＯＪＴや研修のせいにできるのは、せいぜい入社数年まででであろう。後輩が入ってきた時点で、もう言い訳にしにくくなる（だから若者は数年で会社を辞めるのか？）。

若い頃、社外研修の手伝いをしていたことがあるが、経験を積んだ中堅の営業マンが、ある日突然、人事部行きの辞令をもらい、訳も分からず、とりあえず研修に来たといったようなケースが多かった。そして、当初愚痴ばかりこぼしていた人たちが、１年くらいいたつと、自分なりに自社の人事制度の問題点を洗い出したレポートを書いたりするのも何度も目の当たりにしてきた。

さらにいえば、そもそも会社自体にとっても先例がない新規のことに投げ込まれたときには、ＯＪＴや社内研修が成立するわけがない。たとえば、２００６年に成立した金融商品取引法によって２００９年３月期の本決算から上場企業およびその連結子会社が適用対象となって提出が義務付けられた「内部統制報告書」の担当者などは、まさにそのいい例だろう。ほとんどの人が、訳も分からぬままにその仕事を任されて、

「いったい何をやるんですか？」

と上司に訊けば、

「新しい制度なんだ。知ってる人間がいるわけがないだろう」

などと開き直られて、

「それならせめて社外研修くらいは受けさせてくださいよ」

と、とりあえず走りながら勉強し、走りながら下の世代の面倒もみていくのである。自分の可能性をもっと伸ばしたい、新しいことにチャレンジしてみたいと願う人であれば、なおさらそんな状況に自らを置くことになる。

とまあ、こんな話をオヤジの独り言みたいに、ゼミの最後で学生相手に話していたら、途中で、学生たちが目を輝かせて私の話を聞いているのに気がついて、ちょっとびっくりした。ちゃんと話してやれば、今の若者にだってちゃんと通じるのだ。そもそもＯＪＴも研修も不可能な、真にチャレンジングな仕事に飛び込んでみたい。そう思えるのは、これまた若者の特権でもあるのだ。

実は、私は人的資源管理論が好きではない。あの教科書に書いてあるようないろいろな仕組みや制度（なかには、現実には成立し得ない机上の空論もある）を楯にして、会社側の不備ばかりを挙げつらい文句を言ってほしくない。自分の不始末の言い訳のネタにしてほしくない。甘えにしか聞こえないからだ。もちろん、会社側も改善すべきは改善すべし。しかし、それを始めるのは、おそらく今の経営者ではあるまい。そんな思いを抱いていたところに、就職して20年もたつ卒業生から、会社への愚痴を綴った手紙をもらうことになる。私はついついこんな返事を書いてしまった。

「その問題を解決するのは経営者ではなくて、君自身もしくは君たちの世代の誰かなんじゃないの？　それだけの権限も責任もすでに与えられているのに、自分では何にもできなくって、いつまでも上に向かって文句ばっかり言っているようじゃ、君の存在っていったたい会社にとって何なのかって疑問に思えるよ。君の部下は、君の事をきっとそういう目で見ていると思うよ。君が若かった頃に君自身がそうしていたように」

君は、わけも分からず一方的に組織へと紡がれていく受身の存在ではないのだ。君自身が、いつしか組織を紡ぐ力になっていかなくてはならないということを自覚する必要がある。

第３章

組織力を磨《みが》く
——経営的スケール観

†「組織」に見えるとき

経営学の教科書にも載るような、見事に難関を切り抜けて成功し、成長していく組織がある一方で、それとは対照的に、われわれの身の回りには、失敗して消滅した組織や、失敗したとまではいわなくても、日常の簡単なことにも躓《つまず》いてばかりいる組織が多数存在している。いったいどこに違いがあるのだろうか。躓いてばかりいるのには、何か理由があるのだろうか。

そもそも、いわゆるヒト・モノ・カネ等の物的、生物的、個人的、社会的なサブシステムから構成されている具体的な「組織」は、どんなときに「組織」として見えるのか？ サイモンに大きな影響を与えた近代組織論の創始者バーナード（Chester I. Barnard）は、二人またはそれ以上の人々の諸活動または諸力が意識的に調整されているときに、「組織」——これをバーナードは協働システムと呼んでいる——として見えるのではないかと考えた。*55

そこでバーナードは、「二人またはそれ以上の人々の、意識的に調整された諸活動または諸力のシステム」を公式組織と名づけることで、協働システムのなかで、サブシステムとしての公式組織が成立しているときに、協働システムは「組織」として見えると考えたのである……という説明を読んで、「??」と思った人のために、たとえばこんなお話。

……。

大学近くの駅のホームで、たまたま同じ授業をとっていた二人の学生、A君とB君が、帰りの電車を待つ間に世間話をしていた。電車が来れば、いつものように、A君は上りの電車に乗り、B君は下りの電車に乗るつもりでいた。もし何事もなければ……。

ところが、たまたまホームを歩いていた酔っ払いが、二人の見ている目の前でホームから線路に転落してしまった。さあ大変である。幸い電車は来ていないが、この酔っ払いはとても一人ではホームまで這い上がれそうにない。

「おい！　助けるぞ！」

二人はそう声をかけ合うと、A君がホームから線路に飛び降りて、酔っ払いのお尻を押し、B君がホームの上から酔っ払いの手を引っ張って、なんとか酔っ払いをホームの上に引き上げることに成功した。このときの二人のきびきびとした「組織的活動」に対して、周囲の人からは思わず拍手が起きた……。

そう、このときの二人は「組織」に見えたのである。実は、バーナードの非凡なところは、先ほどの公式組織の成立条件として、次の三つをきちんと提示した点にあった。

① コミュニケーション
② 貢献意欲
③ 共通目的

言い換えれば、この3条件が満たされたとき、われわれはそこに「組織」を見るというのである。実際、いまの例では、①コミュニケーションだけではなく、そこには線路に落ちた人を助けようという③共通目的があり、なおかつ、その共通目的に向かって危険も顧みずに行動しようとする②貢献意欲もあった。バーナードが指摘したように、確かに、この3条件が揃うと、人はそこに「組織」を見るのである。

1 「〜できる」スケール観

†組織化のレベルで違いが出る

ただし、バーナードの公式組織成立3条件は、組織化のプロセスを見ているわけではない。これには注意がいる。つまり、この本でこれまで議論してきたようなこととは無関係に、まるでウォーリー君を探すように、瞬間、瞬間に、スナップショットで見て、

「あっ!! ここ! これ『組織』だよね!」

と指さして確認するためのものなのである。だから、この酔っ払いを助ける話のように、その場で急に組織ができたような場合でも、

「これ『組織』だよね!」

と指さし確認することができるのである。そのせいか、バーナードは、このように名前も付けられず、せいぜい数時間の命しかない短命の公式組織が無数にあるともいっている。*56

しかし、だからといって、組織化のプロセスがいらないわけではない。この場合でも、よく考えてみると、組織化のプロセスがまったくなかったわけではなく、一応、A君とB君は同じ大学で同じ授業に出ている（つまり、真面目な学生であれば、毎週顔を合わせている可能性がある）顔見知りであるし、実際、直前まで世間話をしていたので、コミュニケーションもとれていた。つまり、ごく簡単で短いとはいえ、組織化のプロセスは進行していたのである。そして、より重要なことは、組織化のプロセスが、これほどまで簡単に済んだのは、当該組織の仕事内容が非常に簡単で単純だったからだということなのだ。

実際、もし仮に、ホームから転落した酔っ払いが、体重が100kg超もあろうかというような巨漢だったら？　もうそんな簡単な仕事では済まなくなってしまうことは目に見えている。

まず、A君とB君の二人だけでやるのは、常識的に考えて、かなり無理っぽい。A君がホームから線路に飛び降りて、酔っ払いのお尻を押し、B君がホームの上から酔っ払いの手を引っ張って……では、重すぎて、とても酔っ払いをホームの上に引き上げられそうにない。仮にできたとしても、かなり時間がかかりそうだ。A君とB君の二人だけでやろうとした場合、どの程度の体重の人までなら二人だけで引き上げられるのか？　そして、それには何分くらいかかりそうか？　この駅では電車はだいたい何分間隔で到着するのか？　ある程度見当がつかないと、そんな危険な「救助活動」をすべきではない。というか、そもそも仮に普通の体型の酔っ払いだったとしても、「幸い電車は来ていない」程度の状況判断で安易に作業に着手するのは危険なのである。とりあえず電車を止めるためにホームについている列車緊急停止ボタンを押すなりのことはしてから、救助活動に入るべきである。

「そんなこと言われたって、なにしろ突然のことだったし……。事前に救助訓練か何かでも受けていれば別でしょうけど」

とA君、B君の言い訳が聞こえてきそうだ。

そうなのである。もし仮に、実際にそんな救助訓練が存在し、二人が事前にそれを受けていれば、話は全く変わってきたはずなのである。ホームに設置されている列車緊急停止ボタンの設置場所も使い方も教えてもらっているし、しかもA君とB君が一緒にその訓練を受けていて、実際に二人で人を引き上げた経験もあるというのであれば、かなり難しい作業でも、二人は組織として対処できるはずなのだ。

逆にいえば、そのような意義があるからこそ、会社などでも、防火防災のための総合訓練、自衛消防訓練などが、年1回以上、消防法などで義務づけられているわけだ。

もし日ごろから訓練をしていれば——つまり、組織化のレベルを上げておけば——この例のように、A君とB君の二人だけでやる場合では、どの程度の体重の人までなら二人だけで引き上げられるのか？　そして、それには何分くらいかかりそうか？　ある程度見当がつくようになる。

そうすれば、電車到着の時間間隔がどのくらいで、酔っ払いの体重はどの程度でということから、目の前の人を今すぐ二人だけで救助できるのかどうかが分かるようになる。こうした二人が知覚している「〜できる」スケール観。これこそが、組織化の証として、二人が共有していくものなのである。

†スケール観を磨く

躓いてばかりいる組織には欠けていて、見事に難関を切り抜けて成功していく組織がもっているもの。それはおそらく、この共有された「〜できる」スケール観なのだろう。このスケール観と結びつけながら組織のふるまいを洗練されたものにすることが、組織力を磨くということなのだ。

実際、今までできなかった仕事ができるようになったとき――会社であれば、これまでみすみす取り逃がしていたビジネス・チャンスをきちんと生かせるようになったとき――組織のメンバーは、組織力が向上したと実感するはずである。

ただし、大きな仕事の方が成功の果実も大きいとはいっても、だからといって、自分の身の丈に合わないような大き過ぎる仕事を受けてしまったら、失敗して元も子もなくしてしまうのも厳しい現実である。すなわち、組織としては、自分たちでできる最大限の仕事を受けることがベストなのである。組織はこうやって、組織力を最大限かつ有効に使える居場所を環境・市場のなかに「～できる」スケール観で探していく。その居場所のことを、経営戦略論では「ドメイン」(domain)――組織の存在領域――というような言い方をすることもある。*57

認知心理学では、このような、たとえば「つかめる距離」「すり抜けられる隙間」のような環境のなかに実在する知覚者にとって価値のある情報は「アフォーダンス」(affordance)と呼ばれる。環境には「～できる●●」が、われわれを取り囲んで充満している。たとえば街角では、人々は、ベンチや椅子だけではなく、多様な「座れるところ」を柔軟に見つけ出して座っている。「ガードレールの端、路肩、大きな植木鉢の端、階段の隅、柱の少し膨らんだ根元、親の膝……」。これがアフォーダンスである。[*58] 知覚者は、行為が環境にアフォーダンスを柔軟に探し当てピックアップする（これこそまさにワイクの言いたかったイナクトメントなのか）ように、知覚のための身体のふるまいをより洗練されたものに、個性的に生涯変化させ続けていく。

これは組織の場合でも同様である。実際、仕事を受ける際に厄介なのが、いつもまったく同じ仕事ばかりが降ってくるわけではないということなのである。同じような仕事に見えていても、たとえば、仕様、価格、納期などが微妙に異なるのが通例である。しかも、受ける組織側でも、たまたま繁忙期だったり、たまたま休暇や病欠の人が多かったり、たまたま機械が故障していたり、たまたまメンテナンスの時期にぶつかっていたりと条件が微妙に変化していくのが当たり前である。もちろん原価も一定ではない。

そんなさまざまな条件のバリエーションのなかで、小さな成功と小さな失敗を積み重ねながら、どんな風にふるまえば「これくらいの仕事だったらできる」のかを探し当てていく。つまり組織力を磨くということは、「〜できる」スケール観と結び付けながら組織としてのふるまいを洗練されたものにしていくということなのである。そして、そのことで、組織は成功の確率を高めていくことができる。したがって、経営戦略論でいうところの

「ドメイン」は、実は組織ごとに個性的なものであり、けっして普遍的なものではないのである。

そこでこの章では、この「〜できる」スケール観が、経営学の世界では、どのような「経営的スケール観」として登場してきたのかを整理してみよう。経営的スケール観の重要性、意義を感じさせてくれるものに、学習曲線とその応用がある。まずは学習曲線から始めて、経営的スケール観の意義について考えてみよう。

2 学習曲線の秘密

†失われた学習曲線

経営学、とくに経営戦略論の分野では、累積生産量が増えれば、単位あたりの生産コストが減少していく様子を表した経験曲線というものが知られている。

たとえば、経験曲線の有名な例として知られるのは、20世紀初頭に米国の自動車会社フ

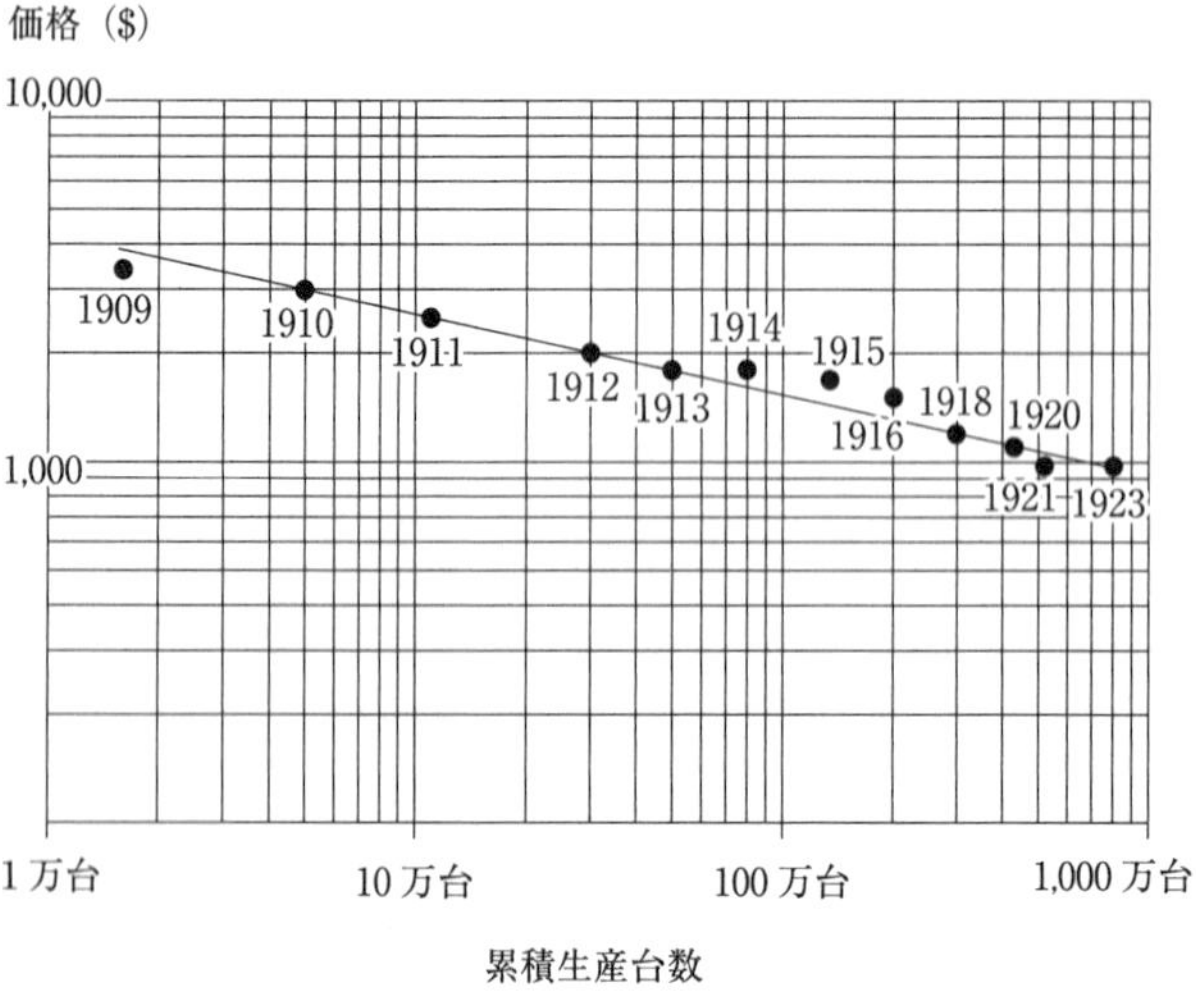

図1　1903〜1923年のＴ型フォードの価格（1958年での価格に換算）

ォード社が、大量生産によって価格を下げる販売拡大化政策をとり、1908年から1927年まで、いわゆるT型フォードを一貫して生産し続けたときのものである。図1は、正確には生産コストではなく価格について調べたものではあるが、T型フォードの価格は（おそらく生産コストも）1909年から1923年までの間、低下していった[*59]。しかも、見事な直線を描いて。

この図1のグラフは縦軸も横軸も対数目盛になっているので、両対数グラフと呼ばれるが、両対数グラフには、横軸の値がα倍になるごとに、縦軸の値がβ倍になる関係があると、きれいな直線になる性質がある。図1のグラフの場合にも、横軸に累積生産台数、縦軸に価格をとっていて、累積生産台数が2倍になるごとに、価格がほぼ0・85倍（＝85％。これを学習率という）になる――つまり価格がほぼ15％低下する――という関係があるので、きれいな直線が現れるのだ。

そして、経営戦略論では、経験則として産業全体の経験曲線も成立するとされ、そのことを根拠にして、市場シェアを追求して競合他社よりも速く累積生産量を増やすことで、コスト優位を築く戦略がまことしやかに導き出される。しかし、はたして産業全体の経験曲線が成立するのかどうかは大いに疑問である。

実は、1970年代に経営戦略論の分野で経験曲線が登場する以前、すでに戦前から学習曲線に関する基礎研究が存在していたのである。しかし、そのことを、経営戦略論はおそらく意図的に無視してきた。なぜなら、学習曲線とは、単位当たりの生産コスト（あるいは単位当たりの直接労働時間）が、ある減少率で減少していく様子を曲線で表したもので、やはり両対数グラフに描くと直線になるのだが、こうした学習曲線に関するより精緻な基礎研究の成果は、むしろ産業全体の経験曲線が成立しないことを示していたからである。*60

そこでまず学習曲線の基礎研究のいくつかを簡単に整理した上で、学習曲線の秘密に迫ろう。

†学習曲線の発見と基礎研究

そもそも学習効果が最初に発見、報告されたのは、1925年に米国のライトパターソン空軍基地で作成された報告書だったといわれている。1936年になって、飛行機をつくっているカーティス・ライト社の主任技師兼部長のライト（T. P. Wright）が書いた論文[*61]が公刊されたが、これが学習曲線の最初の論文となった。

ライトが1922年から飛行機の累積生産機数にともなうコストの変化を調べて、累積生産機数と労働コストを図1のグラフのように縦軸も横軸も対数目盛になっている両対数グラフに描くと、ほぼ直線になった。もう少し詳しくいうと、ライトは、製造機数が2倍になる毎に、1機を製造するのにかかる労働コストが、一定の率、たとえば80％、90％といった学習率で低下することを発見したのであった。[*62]

ライトが発見した学習曲線は、第二次世界大戦が始まると、米国政府の契約担当者によって関心を持たれ研究された。彼らは、戦争遂行上必要な船舶、航空機の製造に必要なコストと時間を予測する方法を探していたのである。つまり、第二次世界大戦のとき、すでに学習曲線は実用に供されていたわけである。

†学習率は企業や製品によっても異なる

こうした基礎研究の最大の貢献の一つは、実は、学習率の推定値が、産業、企業、製品によって実質的にかなり異なっていることを明らかにしたことだった。アルチャン(Armen Alchian)は、このことを第二次世界大戦後の早い時期に指摘していた。すでに学習曲線は航空機産業と米空軍で計画・予測に使われる道具の一つになっていたので、第二次世界大戦中の航空機製造は、良質かつ豊富なデータをもたらしてくれたのである。論文は戦後まもなく1949年までには完成していたのだが、軍事機密扱いのデータを使っていたために公開できず、1963年になってようやく公開された。*63

彼は、爆撃機9、戦闘機8、訓練機3、輸送機2のデータを分析し、それぞれに両対数グラフで直線になる学習曲線を見出している。ただし、注目すべきは、学習曲線はそれぞれに異なる切片と傾きをもっていたということだったのである。試みに、産業平均や機体カテゴリー別平均を使って累積直接労働必要量を予測してみると、実測値との間には、平均25%もの乖離が生じてしまうほどだった。つまり、産業平均の曲線を使っていたのでは、計画・予測はできないのである。

これとは別に、ハーシュ（Werner Z. Hirsch）は、米国の大手の工作機械メーカーの一つの工場のなかで、製品レベルでの学習曲線の推定をしている。[*64] この会社が製造している製品のうち、いずれも新製品もしくは新モデルである8種の製品の直接労働量と累積生産量（ロット数）の関係をプロットしてみると、両対数グラフではやはり直線になった。しかし、学習率は75・2〜83・5％と幅があり、統計的に有意な差があったのである。

それではなぜ学習率に違いが生じるのだろうか。ハーシュは、モデルが新しくなっても、部品はしばしば同じ物を使っているために、学習率に違いが出るのではないかと考えた。なぜなら、たとえば学習率80％では、最初のロットと2番目のロットでは20％低減するのに対して、125番目のロットと次の126番目のロットではたった0・3％しか低減しないからである。いま仮に、この125番目のロットから、新しいモデルの部品としての使用が始まったとすると、新モデルの最初のロットと2番目のロットといっても、この部品に関しては0・3％しか低下せず、新モデル全体の学習率を悪化させる効果がある。

つまり、論理的に考えると、仮に部品レベルですべての部品の学習率が同じであっても、完成品のレベルでは、すべての部品が完全な新モデルでない限り、それらを組み立てた完成品のレベルの学習率は、必ずそれよりも悪くなるのである。現代においては、既存の技術や部品を全く前提としない製品開発は、想像すらしにくい。つまり、すべての完成品について、学習率が同じであることは論理的にありえないことなのである。

†学習曲線の秘密は経営的スケール観

というような話を以前、会計検査院のセミナーで話したことがある。当時、私は会計検査院の特別研究官も務めていて、会計検査上の何らかの参考になればと思ったからであった。セミナーの内容はそれなりに関心を持ってもらえたようで、ほどなく防衛関係の工場の視察に行かせてもらえることになった。

ワクワクしながら訪れた工場で、私は意外な光景を目にする。工場は薄暗く、ごく一部を除いて、工場内には人がいなかった。がらんとしていて、ほぼ開店休業の状態だったのである。

訊けば、生産ラインが動いているのは1年の半分程度らしい。もちろん、そこは量産品の工場である。しかし、フル操業しているのは開発直後の大量発注時だけで、その後は、補充用の生産を細々と続けるのが防衛関係の調達品の常だという。こうした製品は防衛省

（当時はまだ防衛庁）以外には売れないし、武器輸出も禁止されているから仕方がないという。

気を取り直して、工場の現場の人に学習曲線の話をしてみたが、案の定、笑われてしまった。それはそうだろう。むしろ年間生産量が半減した後は（累積生産量自体は順調に増えているはずなのに）生産コストが上昇してしまうし、品質を維持するために、工員の熟練を維持することこそ至難の技といったところらしい。いやはや、学習曲線にとって必要な何かが決定的に欠けているのだ。

そうなのだ。学習曲線にとって必要なものは累積生産量ではない。実は、既存の基礎研究のなかには、生産が追加されても、ついには改善が全く見られなくなる高原状態あるいは高原効果と呼ばれる現象がみられるものがあった。正確に言えば、軍用機のような学習曲線に則った国防契約手続をしていない民需の産業を選んで分析を行うと、高原状態が頻繁に観察されていたのである。

その理由をハーシュマン（Winfred B. Hirschmann）は天井心理（ceiling psychology）と呼んだ。[*65] つまり、前もって決めた目標をいったん達成してしまうと、もう経営側は新たな目標を設定しなくなり、進歩も足踏みをするということを示唆しているとしたのである。

それに対して、学習曲線を提示することは、進歩に終わりのないこと（すなわち、高原状態に陥らないこと）を期待させる効果がある。進歩は可能だと信じることで初めて可能になるのであり、だから、コスト・プラス型の下請け契約の場合には、学習曲線に則った国防契約手続が浸透している軍用機のように、自己成就予言的に学習曲線に則ってコストが下がっていったというのである。[*66]

そしてもうひとつ、学習曲線には秘密がある。原点に帰って、ライトの技師らしい現場感覚に溢れた分析を取り上げておこう。ここに学習曲線の秘密が隠されている。ライトはコスト全体が低下する要因として、飛行機の製造方法の変化を挙げていた。これには3段階の発展がある。

①stick-and-wire-and-fabric 製造法　初期の頃は、木の梁《はり》と支柱を金属製の継ぎ手で取り付け、針金で束ねる製造法がとられていた。この方法はプロトタイプを速くかつ安く製造するには優れていた。しかし、もともと安上がりな方法にもかかわらず、この方法では、あれほどの急速なコスト低減が維持できたかどうかは疑わしい。

② welded-steel-fabric 製造法　次に①の方法に代わって、胴体部分を中心に鋼鉄製の管類を溶接する製造法が普及したが、まだ布がカバーに使われ、木製の梁の使用も規則だった。時間節約の点で溶接作業の進歩には限界があったが、この製造法がとられたことで、ジグ（使用工作機械の刃物に加工物を正しく当てるために用いる道具）のような道具と設備の使用が可能になり、そのことでかなり安く作れるようになった。

③ モノコック（monocoque）製造法　薄板を成形して、リベットで繋ぎ合せる製造法。この方法は特殊な工具や設備を必要とするために、プロトタイプや少量生産では50％から100％も高くつくが、大量生産ではコストが大幅に低減する。この製造法での原材料費は旧来に比べてわずかに高いが、労賃は大幅に低下したのである。

飛行機の生産では、労働はその大部分が部品の接合に関係している。大量生産が始まっても、②での溶接はとくに経済的な方法ではなかった。③でのリベットも当時はまだコスト的に高かったが、機械器具を設備して量産態勢をとるのに向いており、大量生産のための自動リベット打ち機の開発がうまくいけば、生産コスト的には大きな効果が見込まれた。

もちろん、航空機にモノコック製造法を用いることは、構造的にも重量的にも空気力学的にも効率的なのだが、大量生産をすると決めたのであれば、コスト的な観点からもモノコック製造法を採用すべきだったというのである。

†見通しがあればこそ

つまり、生産量が増えることを期待して生産技術を変えること、すなわち機械器具を設備して量産態勢をとること、あるいは大量生産に合った製品デザインを採用することが、コスト低減の大前提だったのだ。言い換えれば、経営者が大量に生産をすると決断することが、学習曲線実現の第一歩だったのである。

プロトタイプにはプロトタイプの製作の仕方があり、10台作るのなら10台作る作り方がある。100台生産するなら100台なりの、そして1万台生産するのであれば1万台を効率的に生産する量産方法がある。ものづくりの現場には、前提となる経営的スケール観があってしかるべきなのだ。根性論や精神論だけ説いて、ものづくり現場の奮闘努力を求めても、学習曲線は実現しない。

もっとはっきりいってしまえば、結果的に累積1万台作っても、学習曲線は実現しないのだ。最初から、いつまでに月産1000台作る量産体勢を整えるという見通しがあればこそ、それなりのやり方を現場は考えるのであり、そうやって日々改善を続け、量産体勢を整えていけば、その結果として、累積1万台のときまでにはコストダウンが実現されているという性格のものなのである。

実際、図1のT型フォードですらそうだった。マーケティングで有名なレビット(Theodore Levitt)は、T型フォードの大量生産は、低価格の原因ではなく結果であり、実は、「1台500ドルなら何百万台も車が売れると結論したので、組立ラインを発明したのだ」と指摘している。[*67] 経営的スケール観があってこそ、はじめて学習曲線は現れてくる。技術的選択の前提としての経営的スケール観。ここに学習曲線の秘密がある。

3 さまざまな経営的スケール観

†生産性に関する経営的スケール観

経営的スケール観は、生産台数のような規模に関するものだけではない。生産性などでも同様の経営的スケール観が存在する。次のトヨタの事例は見事である。*68

実は、フォードやGMの日本進出は早く、1925年にはフォードの100％子会社、日本フォードが設立され、横浜にノックダウン組立工場を建設した。1927年にはGMも日本ゼネラル・モータース社を設立し、大阪でノックダウン組立工場の操業を始めていた。輸入車ノックダウン組立は1934年にはピークを迎え、日本の国内市場の92％を占め、完成輸入車が5％、そして日本車は残りの3％、約1000台というありさまだった。

後に自動車づくりに生涯をかけることになる豊田喜一郎（当時は豊田自動織機製作所常務）は、その頃、1933年9月にGMの33年型シボレーを買い込み、1935年5月にA1型試作車を完成させるという時期だった。1934年、豊田自動織機は刈谷に自動車の試作工場の建設を始め、完成した1936年には自動車製造事業法が制定されて、自動車製造は国の許可事業となり、生産は日本の会社に限られ、部品もすべて国産にすることになった。その結果、米国系子会社は日本から締め出される。しかしこのとき刈谷工場の生産能力はわずか月産150台であった。

1937年、豊田自動織機は自動車部を分離してトヨタ自動車工業株式会社を設立。豊田喜一郎はトヨタ自動車工業の副社長となり、翌1938年には、挙母町《ころも》（現在の豊田市）に月産2000台（乗用車500台、トラック1500台）規模の挙母工場を完成させた。しかし、さあこれからという時に日中戦争が勃発し、第二次世界大戦、そして1945年8月の終戦を迎えることになる。終戦の年の9月にはトヨタはGHQの許可を得て、1930年代に購入した古い機械を利用する形でトラックの生産を再開したが、終戦直後、米国の量産工場の生産性はトヨタの約10倍もあったという。ところがこんな状況下で、豊田喜一郎は、3年以内に米国の生産性に追い付くという途方もない大胆な目標を打ち出す。

案の定さすがに3年ではこの目標は達成できなかった。しかしトヨタは、本格的な乗用車トヨペット・クラウンを完成させた1955年まで、10年かかって生産性を10倍にする。この間、米国の生産性は上がっていなかったので、10年で目標は達成されたことになる（その間、豊田喜一郎は1950年に2カ月に及ぶ労働争議の責任をとって社長を辞任。その20日後に朝鮮戦争が始まり、1952年に社長復帰を要請されるも、その1カ月後に急死している）。

この場合、目標達成が3年から10年に延びたとはいっても、「生産性」で目標を立てたことは絶妙としか言いようがない。もしこれを生産台数の目標にしてしまっていたら、最初からトヨタは競争すること自体をあきらめていただろう。なにしろ、実際にトヨタが生産台数でGMに追いつくのは2007年、それからさらに52年もかかっているのである。

†時間に関する経営的スケール観

学習曲線のように、目標というよりも自己成就予言的な働きをする経営的スケール観としては、時間に関するものがある。たとえば、米国インテル社の共同設立者ムーア（Gordon Moore）は、1965年に「半導体の集積密度は18～24カ月で倍増する」という、後に「ムーアの法則」と呼ばれることになる〝予言〟をしていた。当初の対象はメモリー（DRAM）だったが、この法則が正しければ、半導体の性能も指数関数的に――つまり片対数グラフで描くと直線的に――向上していくことになる（実際には、集積密度の向上ペースはこれより鈍化しているが、性能向上については現在でも成立しているとされる）。

これがインテル社の幹部やエンジニアの心に留めてきた目標となり、インテル社では、工場が必要になる2年前から、まだそこで作るべき製品がないにもかかわらず、工場の建設を始め、9カ月ごとに新しい製造設備を増設し、そのことが結果として業界全体を牽引してきた。このように急速に変化する、予測のつかない市場で、予言された時間間隔で変化を計画することによって競争していくことは「タイム・ペーシング」(time pacing)と呼ばれている。[*69]

もちろん、時間に関しても、目標として掲げられる経営的スケール観もある。たとえばNTTの新規事業開発の事例である。[*70] 1985年4月に日本電信電話公社(電電公社)は、日本電信電話株式会社(NTT)へと民営化(正確には特殊会社化)したが、民営化後、NTTは、新規事業会社を1986年3月末で37社、1987年3月末で84社、1988年3月末で143社といった具合に、民営化直後の3年間に毎年コンスタントに143社も設立している。しかも特徴的なのは、電電公社時代に存在した受託会社とは明らかに異なり、本体業務である電話事業の単なる切り出しに過ぎないような別会社設立は行わないことを原則としていたということである。当時、NTT自身が、新規事業会社は、「NTTへの依存度を極力少なくし、自ら新しい事業を開拓していくものでなければならない。すなわち、収入をNTTにのみ依存する会社やNTT本体からの仕事だけを請け負う会社は原則として作らないこととしている」と明言していた。[*71]

その上で、当時のNTTは、新規事業会社設立時の事業計画では、新規事業会社は設立当初は赤字になることが想定されていて、3年で単年度黒字を出し始め、5年で累積赤字を解消することが目標とされていた。これは、民営化を控えた電電公社が、新規事業開発に本格的に取り組むに当たって、同じ公益事業で新規事業開発を積極的に行っていた大阪ガスを先行事例として徹底的に研究し、大阪ガスが、3年後に単年度収支が均衡し、5年後には累積収支が均衡することを新規事業進出の際の一応の目安にしていたことにならったものだとされている。しかし、ほとんどの新規事業会社は、これよりも速いペースで黒字を出すようになったといわれている。

†ベンチャー企業に埋め込まれた時限タイマー

それに比べると、第3次ベンチャー・ブーム以降、21世紀の一般的なベンチャー企業は、そもそも時間に関する経営的スケール観が小さすぎる。

たとえば、ベンチャー企業に必要なもの、これから起業するために必要なものとして、多くの人が良い事業プランの存在を挙げる。それは間違いではない。実際、どこの起業セミナーでも共通で必須になるのは、良い事業プランの立て方、書き方、そしてプレゼンの仕方である。ある例では、金曜日8時間・土曜日8時間×2週間のセミナーで計32時間程度かけて、事業計画書作成からプレゼンのリハーサルまで指導してくれたりするのである。

丁寧なところでは、大学で教えているような経営組織、経営戦略、財務、マーケティング等の各論の基礎も教えてくれるようだが、まさに、事業計画書作成こそが起業の鍵なのだ。

ところが、問題は、その中身である。この事業プランがだいたい3年度分だというところが多い。これでは短すぎる。NTTや大阪ガスが、3年で単年度黒字、5年で累積赤字解消を目標として事業計画を立てるのと比べると、短すぎるのである。

しかも注意しなければならないのは、NTTや大阪ガスが、5年で「事業が軌道に乗る」（＝事業は継続する）というイメージであるのに対して、IT系のベンチャー企業などでは、3年で「見切りをつける」（＝事業が終わる）という結果になることが多々あるということである。なぜそうなってしまうのか？　実は、3年を過ぎた頃から、サーバーの類のIT機器に不具合が生じる頻度が高まるからである。

もっとはっきり言えば、機械が壊れてくるのである。実際には、3年程度で機械（＋ソフト）をリプレースするための計画や予算を組んでおかないと、事業の継続性は望めないのに、当初組んだ事業計画がそもそも3年度分しか立てていないため、こうしたリプレースの計画が抜け落ちてしまうのである。

こうして、当然のことのように、当初立てた事業計画の経営的スケール観のなかで、機械の寿命とともに、会社も寿命を終えることになってしまう。つまり、目標に潜在的に埋め込まれた経営的スケール観が、まるで時限タイマーのように作動してしまうのである。その意味では、時間に関する経営的スケール観が、その組織の寿命を決めているということもできる。

このことから分かるように、時間に関する経営的スケール観には、タイム・ペーシングのような時間間隔的なものに限らず、いわゆる見通し、時間的射程距離（time horizon）のようなものもある。しかし、この本では、時間的射程距離については、経営的スケール観とは別に扱うことにしよう。なぜなら、時間的射程距離の短い組織は、そもそも経営的スケール観とは無縁な存在だからだ。

4　時間的射程距離が短すぎて経営的スケール観がもてない

†会社の成長を願うなら

もし、成功したら売却して清算してしまうという時間的射程距離をもったベンチャー企業であれば、会社を株式公開（Initial Public Offering；ＩＰＯ）や売却でキャッシュに変えられた段階で、各人の貢献度に応じて成果配分をしてしまえば、それで清算しておしまいである。ところが、同じベンチャー企業でも、得られたキャッシュを元手に、さらに成長・発展させようと思ったとたん、こんな成果配分の仕方はナンセンスになる。

成長・発展させるためには、当然、会社の成長機会に投資しなくてはいけない。より正確にいえば、事業アイデア・計画そして資金を、それを任せられるだけの人間に投資する必要があるのだ。

その際に、過去の実績に応じて余剰資金を配分（いわゆる成果主義的）しようとする馬鹿はいないであろう。もちろん過去にも実績のある人の方が安心ではあるだろう。しかし、肝心なのは、将来の事業計画であり、ビジョンであり、それを遂行する能力のある人間なのだ。

あまりいい例ではないが、いかに過去の功労者であっても、大病を患って余命いくばくもない経営者に、新しいビジネスを託そうとは誰も思わないだろう。それと同じなのである。つまり、会社を成長させようと思ったら、未来に投資しなくてはならない。

†成果配分の二つの方法

[*72]私が拙著『虚妄の成果主義』でいちばんに主張したかったことは、次のような事実だった。

> ある程度の歴史をもった（つまり、生き延びてきた）日本企業のシステムの本質は、給料で報いるシステムではなく、次の仕事の内容で報いるシステムだった。仕事の内容がそのまま動機づけにつながって機能してきたのであり、それは内発的動機づけの理論からすると最も自然なモデルでもあった。他方、日本企業の賃金制度は、動機づ

けのためというよりは、生活費を保障する観点から平均賃金カーブが設計されてきた。この両輪が日本企業の成長を支えてきたのである。それは年功序列ではなく、年功ベースで差のつくシステムだった。

このシステムを私はあえて「日本型年功制」と呼んだわけだが、このシステムを年功序列だと考えることは重大な事実誤認である。自分たちの会社のありのままの事実を丁寧に観察することもせず、自分の頭で考える態度にも欠ける人があまりにも多いことには驚かされる。

ところで、日本企業の人事システムの本質が、給料で報いるシステムではなく、次の仕事の内容で報いるシステムだった（つまり、仕事の報酬は次の仕事）という私の主張には、もう一つ重要なメッセージが込められている。それは最近の日本企業が忘れかけている最も重要な論点でもある。

人事労務系のコンサルタントや賃金問題の専門家にとっては守備範囲外なのだろうが、株主への配当を除けば、実は成果配分には二つのやり方があるのだ。一つは確かに賃金の形での成果配分、そしてもう一つは——こちらの方がはるかに重要なのだが——投資の形での成果配分なのである。

経営学者の立場から言わせてもらえば、実は、投資の形での成果配分の方が、はるかに真っ当であり、そして、それには必ず「仕事」の形での成果配分が伴うのである。賃金による成果配分と投資による成果配分の違いは、すでに述べたような、先のないベンチャーが清算するケースと、ベンチャーをさらに成長・発展させるケースの違いに相当するのである。明らかに前提となる時間的射程距離が異なる。

企業が利益をあげるとき、あるいは、すでにある程度の資金を内部留保として蓄えているとき、こうした余剰資金は、従業員の賃金（ベースアップや賞与）の原資としてだけあるのではない。既存事業の規模拡大や新規事業（研究開発を含む）への投資のための原資でもあるのだ。

にもかかわらず、成果主義はこの成果配分の問題を賃金だけに限定しすぎた。それこそが成果主義の犯した本当の大罪だったのである。もっと分かりやすくいえば、経営の問題を賃金や人事制度の問題として矮小化してしまったのである。これでは経営はだめなのだ。

†目先の利益か未来への投資か

ところが現実には、経営者が交代すると、大方の場合、最初にすることは人事であり、組織図の変更である。1990年代後半からは成果主義ブームもあって、人事制度の変更もよく行われていた。こうした経営者の行動の共通点がお分かりになるだろうか。いずれも、会社のなかだけで自己完結していたのである。経営者が決定すれば、実行可能なことばかりやってきたのであり、実行すること自体が失敗するということはまず起こりえない（成果主義のように、実行して会社の調子が悪くなることはあるが）。

それに対して、既存事業の規模拡大や新規事業への投資というのは、市場で外部との競争にさらされるために、経営者の思ったとおりにできるとは限らない。それどころか、失敗するかもしれないのだ。そこでリスクを回避したがる経営者の多くは、外に出るのをいやがって、思考も行動もどんどん内向きになってしまった。手っ取り早い人件費削減で目先の利益の確保に走るのだ。

確かに人件費を削減すれば短期的に利益は出せるかもしれない。しかし、こんなことを十年も続けていたのでは、内部留保はたまっても、事業はどんどん萎縮し先細りしてしまう。深く考えもせずに正規雇用の人間をどんどん減らしてしまったので、若い正社員までいなくなった。新緑の芽吹きそうもない立ち枯れのような巨木が林立する荒涼たる風景。そこにM&Aの風が吹き始めた。

†職場の雰囲気が変わる

私は内部留保賛成派である。しかし、増配で投資ファンドにくれてやるくらいだったら、会社と従業員のために使うべきである。

内部留保は、ただ貯めればいいというものではない。本来、内部留保は、戦略的に投資に使われるべきものなのである。新規事業だけではなく、既存事業の拡大であっても、投資をすれば、そこには新しい組織が生まれ、新しいポストが生まれ、新しい仕事が生まれ、さらなる雇用（多くは新人で部下になる人材の採用）が発生する。そうすれば、仕事の報酬として次の仕事で報いることも可能になるのである。

それだけで会社は元気になる。少なくとも戦後半世紀、日本の会社はそうやってずっと元気にやってきた。それを止めた会社が、みんな調子がおかしくなった。

現実には、1999年12月に労働者派遣法が改正され、派遣業種が拡大されたことで、正社員を減らして、契約社員や派遣社員を増やしていった企業がほとんどである。会社側だけではなく、人の側にも、月給は安くて会社も小さいが、安定した正社員の身分を選択するか、あるいは不安定な代わりに月給は高い、有名企業の非正規社員を選択するか、選択の幅ができた。それは、新たな社会問題を引き起こす原因ともなったが、同時に、時間的射程距離の違いを現場でも見せつけるきっかけになった。

たとえば、派遣社員だらけの会社では、30歳前後になっても、「職場では、まだ私がいちばん下っ端です」という若手正社員に結構お目にかかることがある。実際にオフィスをのぞかせてもらうと、結構若い人が働いていて、そんな風には見えない。しかし、実は若い人はみんな派遣社員で、正社員のなかでは、彼がいちばん若いというのである。

そして、現場でおじさんたちに話を聞くと、みんな、派遣社員には仕事を教えないという。即戦力を送り込みますという派遣会社のセールストークも良くないのだろうが、どうせみんな辞めるから、というのも原因らしい。それどころか、正直いって、怒る気もしないというおじさんも多い。ダメなら派遣会社に言って取り替えてもらえばいいというのだ(「交代」ではなく、「取り替える」という表現自体が、所詮「もの」扱いで、どうかと思うが)。

「だったら新卒を正社員で雇えばいいじゃないですか」

「でもねぇ、正社員といっても新卒だとねぇ。派遣会社から、派遣社員と比べて、どちらが仕事ができますかとか言われちゃうと……。人件費も高いし」

そんななか、ある会社では、社長の決断で、派遣社員の採用をやめ、正社員として新卒の人間を雇い始めた。とはいえ、危惧していた通り、正社員といっても、これまでの派遣社員と比べて、とくに優秀というわけでもないし、へたをすると……。

ところが、職場の雰囲気がどんどん変わり始めたので、びっくりしたという。確かに、派遣社員と比べて新卒の正社員が特に優秀というわけではない。しかし、新人の正社員が配属されてくると、上の人間が変わり始めたのである。

先輩は先輩としてふるまうようになり、上司は上司らしくふるまうようになった。これまで、派遣社員相手に、仕事を真面目に教えないばかりか、怒りもしなかったおじさんたちが、真面目な顔をして新人を叱り、説教をし、仕事を教えている。怒ったり説教したりしているわけだから、そのときの雰囲気は、明るくはないかもしれないが、新人の正社員が来た職場は、それだけで活気が出てきた。そして何年かたてば、明らかに、新人正社員は成長してたくましくなっていくのである。もちろん先輩たちも。

「あのときの社長の決断は、まさしく英断でしたね」

と幹部の一人は興奮して語っていた。時間的射程距離が長いということは、職場の雰囲気まで変えてしまうのだ。そして、時間的射程距離の長い会社では、人を育てるということは、育てる側の人もともに成長していくということを意味しているのである。

†時間的射程距離の長い組織が生き残る

こうした日本企業の特色は、半世紀も前から指摘されてきた。アベグレン（James C. Abegglen）は、1955年から1956年にかけて日本の19の大工場と34の小工場を訪問調査し、非欧米国でしかも一貫してアジア的なものを残していながら、当時すでに工業国といえるようになっていた日本に注目し、『日本の経営』を著した。[73]

そして、米国の工場との決定的な違いとして、日本で見られる終身コミットメント（lifetime commitment）に着目する。高い移動率を望ましいとする米国社会とは対照的に、終身コミットメントとは、日本の工場では、雇い主は従業員の解雇や一時解雇をしようとしないし、また従業員も辞めようとしないということを指していた。これこそが従業員の時間的射程距離を伸ばすのである。拙著『できる社員は「やり過ごす」』でも取り上げた次のエピソードは示唆に富む。[74]

防虫剤・芳香剤の大手メーカーの工場長を務めていた方の話は印象的だった。このメーカーは、とある地方の田園地帯の中に新しく工場を構えた。従業員の大部分は地元で採用した人々だという。ある時、工場から出て来る産業廃棄物の処理を部下に指示したところ、しばらくすると、その従業員が工場の敷地の一部に穴を掘って埋めようとしているではないか。

「おまえ何をしているんだ」

と聞くと、案の定、産業廃棄物の処理だという。工場長は血相を変えてこう言った。

「そんなことしたら工場の敷地が産業廃棄物だらけになってしまうではないか」

すると地元採用のその従業員はこともなげに、こう平然と答えたという。

「そうしたら、まわりの土地でも山でも買って、そこに埋めればいい。ここらへんには安い土地が余っているんだから」

あっけにとられる話ではあるが、感心するのはそれから先である。その工場長はその従業員に説教を始めるのである。

「会社というのはゴーイング・コンサーン（継続企業体）というくらいで、未来永劫に続くものなんだ……」

確かに、経済的な合理性だけを問うのであれば、もう少し正確にいえば、短期的なコスト、利益の話だけを考えるのであれば、このエピソードのように、地元の従業員の言うことにも一理ある（?）かもしれない。あっけらかんとしていて、合理的といえば合理的なのである。

しかし、工場長はそうは考えなかった。そもそも時間的射程距離の経営的スケール観が違うのである。現実的には、人の一生には限りがあり、しかも定年までと考えると、新入社員でさえ、せいぜい30年ちょっとしかない。しかし、組織はその後も続いていく。それを自分が育てた人材、あるいは自分が知っている自分よりも年少の人材が担っていくという、人の一生を超えた組織としての経営的スケール観がそこにある。つまり、こうした時間的射程距離の長い、未来を実感する力のある人々が組織を本当に支えているということなのである。

†今の仕事に満足してしまっていいの？

実は、企業人相手のセミナーなどで、米国流の理論に則って職務満足の話をすると、話の後の質問の時間やパーティーのときに、必ずといっていいほど異口同音に出てくる悩ましい感想がある。いわく、

「しかし、今の仕事に満足してしまっていいんですかねえ。やっぱり、現状に満足せずに、常にハングリーだからこそ、チャレンジする気持ちも湧いてくるんじゃありませんか」

実は私もそう思う。本当は、私自身が何か後ろめたさを感じながら職務満足の話をしていたのである。

確かに私の調査経験でも、もともと日本の大手企業で満足比率が5割を超える会社はあまりない。平均して40数%といったところである。日本では他の国と比べても満足比率が低いというのは昔から比較的よく知られた事実でもある。だからといって日本人が不幸か（『フォーチュン』1997年1月13日号では"unhappy"と形容していた）といえば、それは全然違う問題であり、日本では、今の仕事に満足してしまっていいのかという「美学」の問題も絡んでくる。

そして何より、長期雇用を前提としている人は、「今」満足している必要はないのであって、将来の見通しさえ立っていれば、人は苦しいことやつらいことにも耐えられるもの

なのである。見通しさえ立っていれば、すなわち、時間的射程距離が長ければ、今の仕事に対して決して満足しないような人でも、会社を辞めたりせずに、チャレンジを続けられるのだ。*75 実は、私の過去の調査経験でも、アルバイトやパートタイムの人の方が、正社員よりも満足比率が高いのである。時間的射程距離の短いアルバイトやパートタイムの人が、今の仕事に満足できないなら仕事を変えるというのは、考えてみれば当然なのかもしれない。ワーク・モチベーションの分野で、ごく一般的に用いられている概念「職務満足」ですら、時間的射程距離の長さによって、意味が変わってくるのである。

†アリとキリギリス

考えてもみてほしい。いまもし、

① 刹那主義的に、その場限りの「今」の充実感、快楽を求める「刹那主義型システム」と、

② 10年後、20年後、あるいはもっと先を考えて、いまは多少我慢してでも凌《しの》いで、未来を残すことを考えた「未来傾斜型システム」

とが競争すれば、どうなるだろうか。結果はイソップの「アリとキリギリス」の寓話そのもの。つまり、短期的には「①刹那主義型システム」が羽振りをきかせる時期があったとしても、結局、何十年か後をみてみると、生き残っているのは「②未来傾斜型システム」に違いない。私はかつて、過去の実績や現在の損得勘定よりも、未来の実現への期待に寄り掛かって意思決定を行うという原理を「未来傾斜原理」と呼んだ。*76

もし仮に見通しがあり、未来が確かなもので、「未来の重さ」が非常に大きければ、その未来への期待に寄り掛かり傾斜した格好で現在を凌いでいこうという行動につながることは容易に想像できる。これこそが未来傾斜原理に則った行動なのである。

もしも、組織の目的達成が至上命題であるならば、組織は目的を達成した段階で解散してしかるべきであるが、時間的射程距離の長い組織では、組織を存続させることをまず選び、そのために、目的はむしろ計画的に少しずつずらして変えていかなくてはならない存在になるのである。それゆえ未来傾斜型システムが生き残る。そして、生き残る過程では、組織メンバーの仕事内容も、変わっていくのが当たり前なのだ。

第４章

組織力を繋《つな》ぐ

——あなたの仕事

†一度途切れるとおしまい

あれだけ騒がれた2007年問題（団塊の世代が大量に定年退職し、技術継承の断絶が懸念された）だったが、問題の本質は、実は、団塊の世代の大量退職問題ではなかった。問題の本質は、日本の多くの企業が、20世紀末から21世紀にかけての10年以上の長きにわたって、グローバル化と人材ポートフォリオの旗印の下で、新人の正社員を採用する努力を怠ってきたことだったのである。いみじくも、団塊の世代の一人はこう言った。

「これは普通の世代交代なんですよ。ただ問題は、われわれが退職前に教えるべき生徒役の若者（正社員）が、この10年間、工場にはいなかったということなんです」

そうなのだ。大量にいた団塊の世代のおかげで、こうした問題が表面化するのが遅れていただけなのである。それを思えば、拙著『できる社員は「やり過ごす」』でも取り上げた次のエピソードは、今でも特筆に値する。

まだ世の中がバブル景気後の不景気のなかに沈んでいた頃、私はゼミの学生を連れて、ある大手精密機械メーカーの横浜工場へ工場見学に行った。先端技術の塊で、理工系の先生や学生さんに見せると企業機密が漏れるというほどの工場だったが、もちろん文科系を絵に書いたような私のゼミでは、そんな心配はいらない。一同、なにやらよくわからないものの、先端技術の塊のような機械が、説明不能な職人芸に支えられているという現場にも触れられて、一種不思議な満足感に浸って、工場見学は無事終了した。

駅からはちょっと距離のあるその工場からの帰り、タクシーで駅まで行くことになったものの学生を乗せた数台のタクシーを見送ると、私が乗るはずのタクシーが来ない。窓口になってくれたのは、ある財団の委員会で一年ほどご一緒させていただいた人だったが、東京の本社に用事があるとかで、一緒に東京まで戻ることになった。結局、学生達とははぐれてしまい、私たち二人は話をしながらのんびりとタクシーを拾って、東京行きの電車のグリーン車に乗りこんだ。空いていてゆっくりと話ができる。辛口の近況を報告し合いながら、その人が「こんなこと言ってますけど、私も実は、そのうちすごいヤツが現れて……」と話し始めたので、私は正直言って驚いた。(中略)

「今は不景気で仕事がないんですが、いわば熟練した職人芸を継承して、後継者を育てるために、今は仕事がなくとも若い人を採用して、とにかく育てさせようと思っているんですよ。一度途切れてしまうともうおしまいですからね」*77

1 余人をもって代え難し

†転職市場の存在は福音なのか？

若者は（学生は）だまされてはいけない。

実は、世間で——とくに若者に——きちんと理解されていない概念に人材の市場価値そして転職市場がある。今の会社を辞めても、すぐに次の就職先が見つかることは良いことであり、自分自身の市場価値を高めておくことこそが肝要。そして、転職市場の存在こそが万能薬であるかのような主張までなされることがある。同一労働同一賃金は疑う余地のない「常識」だと主張をする人までいる。まるで労働者や若者の味方のような顔をして。

実際、たとえばＩＴ分野でプログラマのような仕事は、スキルもはっきりしているし、つぶしがきいて、たとえ今の会社を辞めても、すぐに雇ってくれる会社が他に見つかる可能性が高い。しかも、腕のいいプログラマであれば、若くても同世代の他の職種の人と比べて高めの給料をもらえる可能性がある。彼らの「市場価値」は高いのである。

しかし、そこで立ち止まってもう一度よく考えてみてほしい。

「こんな会社辞めたって、私を雇ってくれる会社はいくらでも見つかるんだ」

と労働者側に言わしめる転職市場の恩恵は、労働者側に対してだけあるのだろうか？いや違う。企業側にとっても同じ恩恵をもたらしているのだ。そのことを見落としてはならない。つまり会社側も、

「辞めてもいいよ。同じ給料で働いてくれる、君みたいなプログラマの代わりはいくらでも見つかるんだから」

というわけだ。もうお分かりだろう。転職市場で同じ値段で同じスキルの労働者を調達可能であるならば、労働者は単なる消耗品、互換部品に過ぎなくなるのである。そして、こうした転職市場が存在する限り、会社を渡り歩いて経験年数を加えていっても、同じプログラマの仕事をしている限りは、所詮、プログラマとしての給料しかもらえないという当たり前の現実が出現する。

同様のことは、会社のなかでもそのままあてはまる。仮に、会社の人事制度・給与制度が「仕事の報酬は賃金」型であったら、仕事をして成果を上げれば高い給料、成果が低ければ安い給料になるだけなのである。

「ん？　それでいいんじゃないの？」

と思う人は、もう一度よーく考えてみてほしい。

日本企業では、そのような会社をあまり見たことがないから想像しにくいかもしれないが、このタイプの制度の下では、変動するのは給料だけなのだ。もし本当に、仕事の内容は変わらず、固定したままで、賃金に差をつけるだけのシステムだったら、賃金は一生、同じ帯域、バンドのなかで上下を繰り返しているだけである。これこそが同一労働同一賃金の真の意味なのである。

†同一労働同一賃金の落とし穴

諸条件を公平に揃えることが、本当の意味で仮にできたとするならば、賃金の差は所詮ノイズの発生と同じ論理でしか生じえないことになる。そんな状況で、もし、一段階以上、上の賃金水準へとさらなる昇給を求めるのであれば、他の会社の別のポストに転職するしかない。そうしなければ、賃金に差をつけるだけのシステムのなかにいる限りは、昇進・昇格はありえないのだ。

そして、転職市場が機能していれば、互換部品である労働者は、故障や不具合（病気や家庭の事情）、メンテナンスコスト上昇（人件費上昇）を理由に、すぐに捨てられ、新しい「部品」と交換されてしまう。

考えてもみてほしい。機械の部品だって、取り替えのきかない部品だと思えばこそ、調整も修理もしながら大切に使うのである。それが近所のDIYの店でいつでも入手可能な互換部品だったら、所詮は消耗品。買ってきて新品に取り替え、古いのは捨ててしまった方が、ずっと簡単で面倒くさくないのである。これが、市場崇拝と同一労働同一賃金のもたらす醜い末路なのだ。

†また君と一緒に仕事がしたい

つまり、「仕事の報酬は賃金」型のシステムではなく、次の仕事に差のつく「仕事の報酬は次の仕事」型の人事制度になって、はじめて評価のベースである仕事に差がつくようになる。この評価のベースが変動するからこそ、同じ会社にずっと勤めていても、昇進・

昇格・昇給はありうるし、給料を含めた処遇にも加速度的に差がついてくるのである。

もし、もっと高い給料をもらおうと思ったら、そして会社から大切にしてもらおうと思ったら、自分が会社にとって取り替えのきかない、余人をもって代えがたい人材にならなくてはならない。そこにはもう「同一労働」の概念は存在しない。なぜなら、他にできる人はいないのだから。ただし、同じ仕事は他の会社にはない可能性が高いので、そのことで市場性は失われるかもしれない。しかし、そうしなければ会社のなかでレベルの高い仕事はできないのである。

だからこそ、本当の評価とは……私が挙げるいちばんシンプルでまともな評価とは、「また君と一緒に仕事がしたい」である。典型的な実例を一つ挙げてみよう。これは、今風の言い方をすれば、自分の市場価値を高めることを常に心がけ、ある「事件」が起こるまでは、スキルを身につけるのに一生懸命で、自分自身をまるで職人だと思ってやってきた人（といっても「職人」ではなく、普通のホワイトカラーのサラリーマン）の体験談である。

その「事件」とは……。


かつて自分が働いていた職場の先輩格の人から電話がかかってきて、ちょっと会って話がしたいと言われた。なつかしさもあって、いまや上司格になっているその人と会ってみた。すると、めずらしく真剣な面持ちで、

「戻ってきて、また一緒に仕事をしないか」

といわれた。感動した！　本当に涙が出るほど感動した‼　そんな自分にいちばん感動した⁈　自分は、そんなことに感動する人間だとは思っていなかったもので……。まさしく同じ釜の飯を食い、自分のことを身近で何年も見ていて、仕事ぶりも人間性もよく知っている人が、自分とまた一緒に仕事がしたいと言ってくれている。そのことが、これほどまでにうれしいことだとは思いもしなかった。この経験が、働くこと、人から評価されることの本当の意味と重さを教えてくれたのだ。

たったこの一言で、彼の仕事観、職業観そして人生観までが大きく変わったという。人から評価されるということは、そういうことなのだ。

†人生を変えた上司の一言

同じような感動体験を持つ人は多い。１９８６年に施行された男女雇用機会均等法で、

女性の総合職一期生となった女性も、こんな話をしてくれた。一期生ということもあり、その会社では同期の女性総合職が何人も採用されたそうだ。しかし、世の中の目というか、諸般の事情というか、結婚だ、出産だと、いろいろなことをきっかけに、同期の女性総合職も一人辞め、二人辞め……。その人もいつのまにか、とくに何か理由があるわけでもないのに、そろそろ潮時かなと思い始めていたという。そんなある日のこと。かつての上司から呼び出されて、こう言われたそうだ。

「すでに噂には聞いているかもしれないけれど、今度、私がリーダーになってプロジェクト・チームを発足させることになっている。うちの会社にとって、非常に重要なプロジェクトだ。ぜひ君にメンバーとして入ってもらいたい」

この一言で、この人の人生は決まったという。先ほどの「職人」さん同様、これで感動しないわけがない。それ以来、結婚も出産も乗り越えて、いつのまにか、この人はその会社初の女性部長になっていた。

私は思う。結局、評価というものは、そういうものなのだ。これほどまでに本人にとって劇的な感動体験ではなくても、これに近い体験をした人は多いはずである。若いころにこうした経験を一度でもできた人のその後の人生は幸せだ。だから、どうか、そんな経験を若い人にさせてあげてほしい。

2 組織力を繋ぐのはあなたの仕事

†ちゃんと見て、そして次の仕事を

そんな感動体験とは正反対の結果をもたらすのが、目標管理なのかもしれない。ある中堅のソフトウェア会社の社長は目標管理が必要だと率先して導入を決めた。このクラスの会社であれば、まともな社長であれば、個々の従業員の働き方をそれなりに見ていることができる。そして、期末の査定の時期に、すべての目標を達成したと主張する社内でも評判の札付き社員（?）に、社長自ら直接面談すると、こういったそうだ。

「悪いけどね、君みたいな働き方をしている人間の給料を上げているようじゃ、うちの会社はつぶれちゃうんだよね。自分で考えてみてもわかるだろう。目標は達成したかもしれないけれど、君のやったことは全然会社のためになっていないじゃないか。むしろ仲間の

足を引っ張り、うちの会社の評判を下げるようなことばかりしている。目標を達成しましたなんていう言い訳は聞きたくないな。俺の目は節穴じゃないんだよ」

だったら、目標管理なんて導入しなければ良かったのに……と思うのは私だけではあるまい。これでは目標管理は、札付き社員に言い訳のネタを提供しているだけで、かえって経営の妨げになっているではないか。しかし、ここから一つの教訓が得られる。もし、どうしても目標管理システムをうまく使いこなしたいのであれば、その秘訣はただ一つ。全くもって逆説的であるが、それは、部下が目標を達成したときに、そのことを言い訳にさせないだけの上司の力量と人望、そして覚悟である（それだけ力のある上司に目標管理システムが必要だとは到底思えないが）。

しかしながら、目標管理の有無にかかわりなく、上司は部下をちゃんと見ているべきである。目が節穴では困るのである。

たとえば、会社で、あるチームが手柄を立てたとしよう。誰がリーダーシップを発揮して仕事を進めていたのか、誰が成功の鍵を握るようなアイデアを出したのか、誰が連日連夜馬車馬のように働いて納期に間に合わせたのか、誰がムード・メーカーになって落ち込みがちな職場の雰囲気を盛り立てていたのか、そして、誰がみんなの足を引っ張り、誰がチームの手柄を独り占めしようと画策していたのか。そこまで分かってくれている上司の下で、誰もが働きたいと願うはずである。

自己申告しなくても、上司はちゃんと見ていてくれるはずだ、上司がそこのあたりを十分分かっていてくれているはずだと思えばこそ、部下は安心して働けるのである。細かいところまで見られなくても、「この上司は私がどんな仕事をしているか分かってくれている」と心のどこかで思うことができれば、頑張れるものである。たとえ直属の上司は馬鹿でも、その上の上司がちゃんと見ていてくれるはずだと思えばこそ、人は頑張って働くのである。

上司が自分をどのように見ているのかは、次にどんな仕事が回ってくるかを見れば理解できる。なぜなら、当たり前のことだが、どんなに優秀な上司でも、一人では大きな仕事ができないからである。だから上司は、部下に仕事をさせてみて、一つの仕事を達成したら、次に、より大きな仕事を。それを達成したら、さらに大きな仕事を……と、だんだんと一回りずつ大きな仕事を与えようとする。そうしないと、いざ上司自身が大きな仕事を任せられたときに、困ってしまうからである。

ここで「大きな仕事」というのには二つの意味がある。一つは予算的に大きな仕事という意味。もう一つは人員規模的にも大きな仕事という意味である。予算的に大きな仕事になればなるほど、売上であれ利益であれ、より大きな数字、より大きな成果を残せるようになる。そして人員規模的に大きな仕事に就かせるということは、それすなわち部下を昇進させるということを意味している。こうして「仕事の報酬は次の仕事」型のシステムが自然と機能し、世代交代を進めていくことになる。これが組織力を繋ぐということなのである。

ただし、これは論功行賞ではない。「論功行賞」という言葉が使われる状況を思い出してほしい。たとえばこんな会話。

「なんで、あいつがあんな重要ポストについているんだ?」

「論功行賞らしいよ。なんでも、例の一件で、常務に恩を売ったとか」

誰から見ても適材適所ではない問題人事が行われたとき、つまり明らかに力量不足の者が分不相応な重要ポジションに就かせてもらったときに、その理由として「論功行賞」という言葉は使われるのである。「論功行賞」はむしろ悪い意味で用いられるビジネス用語なのだ。仕事というものは、大きな仕事になればなるほど、その仕事を任せられるだけの人に任せるしかなくなる。しかもその人材はごく限られる。つまり、大きな仕事ほど、必然的に適材適所で行わざるをえないものなのである。

†胸に手を当てて考えてみてほしい

ところで、さきほど話題にした男女雇用機会均等法が1986年に施行されてすぐの頃、当時、研究者として駆け出しだった私は、アンケートのデータを集計していて不思議な思いにとらわれたことを覚えている。

男女雇用機会均等法が施行されてすぐ、ということは、女性の総合職はごく少数で、職場にはまだ、当時「腰掛」と言われたOLさんがたくさんいた頃のお話である。当時の私も20代後半だったが、この自分と同世代の20代の若い会社員のアンケート・データを分析していると、男女では、全般的にほとんど回答の傾向に差がないことに気がついたのである。つまり、当時の20代の女子社員を「腰掛」と呼ぶのであれば、20代の男子社員も「腰掛」だったことになる。

いまや仕事に自信をもち、会社を引っ張っているという自負もある40代後半のおじさんたち（当時の新入社員）は自問自答してほしい。胸に手を当てて、自分が若かった頃のことを思い出してほしい。大学を卒業して会社に入ったばかりの頃、誰もが同じ思いをしていたはずである。

「この仕事は自分に合っているのだろうか」

「この会社は自分に合っているのだろうか」

内定を一つしかもらえなかった人は「幸い」である。他に選択肢がなかったので迷いがない。しかし、いくつか内定をもらってから、そのうち一つに自分で絞った人などは、自分で自分を納得させようとはしているものの、華やかなニュースが目に飛び込んでくると、ついつい内定を断った会社の方に目がいってしまい、

「(断った) ○○社の方が最近調子が良いけど、自分は選択を誤ったのではないだろうか」

と気持ちはいつも揺れ動いていたはずである（だからますます事後的な合理化に熱が入るわけだ)。

ただ、こうして腰掛気分で数年が過ぎると、後輩が入ってきて、先輩面をして後輩の面倒を見るようになる。30代にもなると、今度は部下もできて上司として振る舞うようにもなる。結婚して子供ができて、すごい金額の住宅ローンを組んでマンションを買っちゃったりして、

「いよいよ逃げられなくなるなぁ」

などと思った直後、会社から海外赴任を言い渡されたりして、

「えぇ!? マンションを買ったばっかりなのに……」

と文句の一つも口にすると、上司から、

「だから、もう逃げないだろうと思ってさ」

などとあっけらかんと言われてしまう。

そうこうして30代を夢中になって働いて40代にもなると、それなりに大きな仕事を任せてもらえるようになる。仕事に自信もつく。会社の屋台骨の一つぐらいは担いでいるような自負心も生まれてくる。そして、ふと気がつくと、

「幸せなことに、自分は、この仕事・会社に合っていたみたいだな」

という思いを抱くようになる。そう思えるあなたは確かに「幸せな」(≒おめでたい?)人だが、しかし、はっきり言わせてもらおう。これは美しいけれど、単なる誤解である。誰だって、20年も似たような仕事をしていれば、それなりに仕事もできるようになるし、自信もつくというものだ。そして、あなたがそんな美しい誤解を抱けるようになるまで、20年もかかったということを忘れてほしくない。

にもかかわらず、あなたは今の若者に厳しすぎる。

「これからの時代、英語くらいはできなくてはいけない」

（あなただって、海外に行けと言われてから、あせって勉強してたでしょう？）

「コンピュータくらいはいじれなくてはいけない」

（いまだに自由に使いこなせないくせに）

さらに、面接の話題に事欠いて、若者に自己分析を強要したり、果ては、夢も希望もないおじさん、おばさんたちが、若者に夢や希望を語らせようとしたりする。

そもそも、あなたたちが入社した頃は、会社は「変な色に染まらず、真っ白な状態で入社してほしい」と言っていたのですよ。若者に即戦力なんて求めていなかった。あとは会社で育てますからとまで言っていたのです。だから今、あなたはこうしてここにいられる。それなのに、咽喉もと過ぎれば熱さ忘れるとばかりに、そんなふがいない若かりし頃の自分たちの姿はサラッと忘れて、あなたは今の若者に多くを求めすぎなのです。

どうか、彼らを正社員として雇ってあげてほしい。そして、みなさんの後継者として育ててあげてほしい。

「そんなこと言われたって、一人前になるかどうかも分からないのに……」

そう言うおじさん、おばさんたちに、私はこう答えることにしている。

「大丈夫！　あなたぐらいにはなれますから。社長になるのは無理かもしれないけど」

私はあなたのことを知らないが、あなたが十分会社の役に立ち、貢献していると自己評価しているのであれば、その程度で十分なのである。あなたは、会社にとって必要な存在のはずだから、あなたが引退した後も、あなたの代わりになるような人は必要なのですよ。成長する会社なら、一人じゃなくて何人も必要になる。あなたが会社にとって取り替えのきかない人材である以上、あなたの代わりはすぐにはみつからない。だから、あなたの代わりを務められる若者を育てるのは、あなたの究極の仕事なのです。だって、あなたが「仕事を任せられるような人」を育てることができるのは、あなただけでしょう？　若者にこう言ってやってほしい。

「ありのままの君でいいからうちの会社に来い。20年もやっていれば何とかなるから。大丈夫。俺も（私も）そうだったんだよ」

なんだかテキトーでいい加減な感じがするかもしれないが、この一言を発することこそが、あなたに課せられた究極の仕事――組織力を繋ぐこと――の第一歩なのである。

付章
組織化の社会心理学

この本の「第2章　組織力を紡ぐ——仕事を共にする」は、ワイク（Karl E. Weick）の『組織化の社会心理学 第2版』[*79]を手がかりにしながら、組織化をキーワードに組織を捉え直してみたものである。ワイクの『組織化の社会心理学 第2版』はいまや古典とも言うべき有名な文献ではあるが、難解さの点でも群を抜いている。1969年に初版が出版され、1979年に第2版が出版されたのだが、第2版では、初版の記述は一部そのまま残ってはいるものの、ほとんどの内容が書き換えられ、本文（参考文献 references を除く）も初版：21cm×14cm×109ページから、第2版：23・5cm×16cm×264ページへと、単純に考えても3倍近くの分量に大幅に増加している。

たとえば、第2版の第1章の冒頭には、初版にはなかった10個のエピソードが書き加えられている。それぞれに面白いエピソードだとは思いつつも、いったい、組織論的にどんな含意があるのかと考え始めると、まるで禅問答のように迷路に迷い込む。実は、ワイクのアイデアを理解すると、これら10個のエピソードの解釈の仕方が全く変わってしまうという仕掛けがあるのだが、しかし裏を返せば、最初にそのエピソードを読むときには、何も分からぬままに読まざるをえないということでもあり、ほとんどの読者は、そうした知的興奮を覚えることもなく、途中で読むことをあきらめてしまう。

そこで、この付章では、『組織化の社会心理学 第2版』の章ごとの解説をしてみた。読者のなかには、この付章から先に読もうとする人もいるかもしれないが、それは、かえって回り道になるだろう。サラサラと読めてしまう本書の「第2章 組織力を紡ぐ――仕事を共にする」を最初に読んでから、それを手がかりにこの付章を読む方が、はるかに理解が容易になると考える。

ただし、本書の主張は、第2章だけに限定しても、ワイクの主張と全面的に合致しているわけではないので注意がいる。ワイクは『組織化の社会心理学 第2版』の前半部分、第1章～第4章では組織化がどのようなプロセスであるのかを説明し、後半部分、第5章～第8章で組織化のメカニズムを提示している。一般的によく引用・紹介されるのは、進化論をメタファーとして用いた後半部分である。おそらく前半部分が難解で理解できないために、後半部分の方が引用しやすいのだろう。

しかし、後半部分は、組織化の理論的な説明として成功しているとはいいがたい。ワイク自身がその第2章で述べているように、組織を軍隊にたとえるメタファーと同様の別のメタファーとして進化論でたとえているに過ぎないといってもいいだろう。その後半部分に代わるものとして、本書では、「第3章 組織力を磨く――経営的スケール観」の議論が用意されている。進化論よりは、認知心理学のアフォーダンス理論を用いた方が、前半部分との親和性も高くなると思われる。

†第1章 組織化とは*80

ワイクの第1章では、冒頭に組織化（organizing）を例証する10個のエピソードが、文献からの引用の形で並べられている。組織化のプロセスこそが重要なのだというワイクの主張は、たとえば『サイエンス』誌に書かれていた皮肉を引用した7番目のエピソードでは、次のようになる。

> 指揮者の動作や眼球の動きの研究により、指揮者は、正確に定められた時間に別々の演奏者を見定め、彼らに向かって大きな曲線を描くような身振りで指示を出せる人であることが確認されている。以前の私の研究では、好成績のクォーターバックも同じことをしている。（中略）クォーターバックと指揮者の年齢をプロットすれば、両者はほとんど重なっていないので、うまくキャリアを乗り換えられることは明らかである。*81

確かに、コンサート会場でのオーケストラの優秀な指揮者とスタジアムでのアメリカン・フットボールの優秀なクォーターバックの動作・行動は見かけ上似ているかもしれない。しかし本当に、優秀なクォーターバックは優秀な指揮者になれるものなのだろうか。あるいは、両者の動作・行動は本当に同じものなのだろうか。

実際には、コンサートの本番前に、指揮者はオーケストラのメンバーたちと入念な練習とリハーサルを繰り返してきたはずである。この集団のなかで築き上げられた絆や相互の協力関係の方がはるかに重要であり、指揮者が本番で見せる動作や行動は、こうしたもっと長々とした組織化のプロセスが前にあってこそ、はじめて意味を持つものなのである。そのことはクォーターバックの場合も全く同じである。

ここに、組織を静態として捉えるのではなく、組織化のプロセスこそを研究することの意義が存在する。組織を静態的に記述しても、組織を理解できないのである。そこでワイクは、10個のエピソードを並べた後で、「組織化」をこう定義している。

知覚できる相互連結行動（interlocked behavior）を使って多義性（equivocality）を削

減する際に用いられる総意として妥当性を確認した文法[*82]

ここで「文法」(grammar)と言っているのは、それが、(1)相互連結行動の集合が、行為者に理解可能な社会的プロセスへと組み立てられる際に用いられるルールや習慣の体系的説明であり、(2)組織化された人々の直近の経験を要約する意味ある構造(後述する「因果マップ」)を作り上げるルールからなっているからである[*83]。つまり、本来、人間の活動は多義的であり、いろいろな意味に解釈可能なものである。それが組織化のプロセスのなかで、互いの行動を意味あるものに組み立て、互いの行動の意味を確定させることができるような合意した文法を共有するようになる。

こうして、この章の中ほどでは、組織化について本書でこれから議論することを予告編的にいったんSummaryとして「要約」している[*84]。その後で、章の後半では、初版にもあった多数決ルールの出現という組織化のプロセスを語った警句詩「多数決ルール」を材料にして、従来の組織論との関連を指摘することで、組織論を概観している。

†第2章　組織化について考える戦術[*85]

この第2章は第1章のイントロダクションの続きで、組織化についての本書の語り口をあらかじめ六つの思考の戦術（tactics）として次のように整理している。

① 自分が何をしているか知ろう
② トレードオフを認めよう
③ 進行形で考えよう
④ メタファーを変化させよう
⑤ 面白さを養おう
⑥ ミニセオリーを喚起しよう

ただし、最初の戦術①は第1章の補足であるが、残りの五つの戦術②～⑥は、この本でとられる手法の事前の「言い訳」である。そこで、①と②～⑥の二つに分けて整理しておこう。

(1) 組織行動論批判

第1章の後半では、警句詩「多数決ルール」を材料にして、従来の組織論との関連を指摘することで、組織論を概観した。しかし、組織論の各流派では、それぞれが一つのイメージにとりつかれ、他のものが見えなくなる傾向がある。そのため、こうした組織についての偏見（slant）はすべて、一部正しく、一部誤っており、一部不完全で、一部不適切である。だから第1の戦術「①自分が何をしているか知ろう」が必要になる。たとえば、ここでは組織行動論が槍玉にあがる。

ある魚の種類を特定するのに、背びれのとげの数を数えるのがもっとも確実な方法だったとしよう。しかし、釣った魚をホルマリン漬けにして持ち帰り、研究室で不自然に色の抜けたホルマリンの異臭を放つ魚を取り出して、背びれのとげを数えて記録することには、その魚を「メキシコサワラ」だと分類すること以上の意味はない。

同じ川の流れに二度足を入れることはできないように、同じ仕事の流れのなかで二度仕事をすることはできない。こうした流れとか変化こそが、管理者が管理するものの本質なのである。この過程をとらえるのが難しいために、背びれのとげの数を数えるような行為に走ってしまう。その結果、静止したスナップショットを組織の重要なリアリティだと思い違いをすると組織を台無しにしてしまうことになる。[*86]

つまり、組織を計測可能な代物にしたとき、そもそも「計測に値するものにしていたはずの何か」を剝ぎ取ってしまうことになる。（組織行動論のような）定量的研究をする人は、計測することが理解のほんの一手段に過ぎないということを忘れがちである。しかも組織行動論で扱われている「組織行動」とは名ばかりにすぎない。そこでワイクは、組織行動を研究するのであったら、次のようにすべきだと主張する。[*87]

ⓐ「組織が行為する」（"Organization acts."）というときは、一人の単独行為ではなく、二重相互作用（double interacts；詳しくは第4章）であるべきだし、結果（行為）を決めるのは、個々人の資質ではなく、相互作用のパターンである（と組織行動論を批判する）。

ⓑ「組織が行為する」というとき、(i)二人以上の人間の相互連結作用の集合と(ii)それらの行動が結果を出すように組み立てられるときの組み立てルール（assembly rules）の集合とに分解される。

(2) ワイクの本でのアプローチ

ワイクの本では、第5章以降、組織化の定式化を行うために、自然淘汰理論（いわゆる進化論）のメタファーが用いられる。ワイクは、そのことに抵抗感のある読者の存在を想定しているようで、そうした読者に向けて、ワイクの本でとられる手法の事前の「言い訳」を列挙している。

まず、社会的行動の理論では、普遍性（generality）、精確性（accuracy）、簡潔性（simplicity）の三つはトレードオフの関係にあり、同時に達成することはできない。にもかかわらず、三つ同時に達成できるという妄想が、研究をつまらなく、無益なものにしてしまっている。

ワイク自身は、「精確ではないが、普遍的で簡潔な研究」を狙っており、[*88] これが第2の戦術「②トレードオフを認めよう」である。ただし、もともと組織論はメタファー（比喩的表現）であふれているのだが、困ったことに、ビジネスの世界では軍隊のメタファーが支配的で、このことで、組織の柔軟性を制約し、解を狭め、組織の本当の面白さについて何も語らない上に、自己永続的ときている。ビジネスの世界では軍隊のメタファーが支配的であるが、[*89] 軍隊ではない別のメタファーとして、ワイクが採用している自然淘汰理論が必要なのである。これが第4の戦術「④メタファーを変化させよう」である。実際、第3の戦術「③進行形で考えよう」に則って考えてみよう。

静止したスナップショットと組織のリアリティは別のものである。もし、円の状態記述をすると「一点より等しい距離の点の集合」ということになる。それに対して、円のレシピ（recipe；調理法）は、たとえば「コンパスの片方の足を固定してコンパスを回し、もう片方の足が始点に戻るまで回せ」ということになる。*9 ワイクによれば、組織化のレシピは、本書の後半で詳述される次の三つの過程、

(a) イナクトメント（enactment）：経験の流れのある部分を将来の注意のために分節すること

(b) 淘汰（selection）：その分節された部分にある限定された解釈をあてがうこと

(c) 保持（retention）：解釈された断片を将来適用するために蓄えること

を使うと（注：これは自然淘汰理論のメタファーである）、(i)社会的サイクルを三つのカテゴリーに分類し、(ii)(a)(b)(c)の順番に並べ、(iii)この三つの過程を(a)→(b)→(c)、さらに(c)→(a)、 (c)→(b)という4本の因果の線で結ぶ、というようになる。[91] もちろん、同じサイクルでも、人によって別のレシピを使うこともできるのだが、この簡単なレシピによって、人は無意味な社会的サイクルの山を意味あるひとつの配列（arrangement）に変えることができるようになる。つまり、レシピは表出のスキームであるだけではなく、解釈のスキームとしても用いられるのである。[92]

組織化とは、「社会的相互作用のエピソード（このエピソードは後で相互連結行動サイクル[93]と呼ばれる）を順序よく結びつけるためのレシピの集合[94]」である。

残りの二つの戦術については、「⑤面白さを養おう」では、たとえば面白い命題の12のカテゴリーを意識的に使うこと、「⑥ミニセオリーを喚起しよう」では、ワイクに触発されて、読者が次から次へと連想を重ね、組織を理解する上での一連のアイデアを発見できるようにいずれアイデアを提示することが予告されている。

†第3章　相互依存性と組織化[95]

ワイクの第1章では「組織化」を「知覚できる相互連結行動（interlocked behavior）を使って多義性（equivocality）を削減する際に用いられる総意として妥当性を確認した

文法」[96]と定義した。それでは、組織化の過程の構成要素である相互連結行動とはどんなものなのか。そのことを理解するために、ワイクの第3章では、相互依存性の概念が提示される。

この章では、冒頭に相互依存性（interdependence）の例示として、3人の人の間での水準器を使った実験が挙げられている。しかし実は、この章で扱われている相互依存性は、人と人との間のものではない。因果マップ（cause map）の中での変数と変数の間の相互依存性である。

因果マップとして、変数と、正（＋）か負（－）の符号付の矢印によって描かれた図をワイクは因果回路（causal circuit）と呼んでいる。この因果回路の分析に必要ないくつかの概念が整理される。[97]

まず、因果回路のなかの変数は、次の四つに分類される。

(a) 相互依存的（interdependent）：出て行く矢印も入って来る矢印もある
(b) 従属（dependent）：入って来る矢印しかない
(c) 独立（independent）：出て行く矢印しかない

(d) 無関連（irrelevant）：矢印がない

それに対して、因果回路のなかで、ひとつの相互依存的変数を出発点として、その変数から出発して矢印を次々とたどって出発点に戻ることができたとすると、このようにして完結したパスは、どれもが因果ループ（causal loop）である。つまりひとつの因果回路に、何本もの因果ループが見出されてもかまわない。各因果ループは、ループに含まれている矢印についている負の符号の数が偶数か奇数かで分類される。*98

(i) 偶数ならば、逸脱・増幅（deviation-amplifying）ループで、不安定
(ii) 奇数ならば、逸脱・減衰（deviation-counteracting）ループで、安定

つまり、(i)の逸脱・増幅ループの場合、ある変数が増加か減少にいったん動き出すと、その動きは（システムが壊れるまで）止まらなくなってしまう。これは悪い（vicious）循環だけではなく良い（virtuous）循環の場合もあり、最初のごく小さなきっかけ（逸脱）か

ら増幅過程を経て大きなかつ複雑な変化がもたらされることもある。*99 しかし、⑾の逸脱・減衰ループの場合は自己調節（self-regulation）が行われる。*100

それではひとつの因果回路の中に因果ループが二つ以上ある多重因果ループ（multiple causal loops）の場合はどうなるのだろうか。ワイクは若干の考察を行っているが、逸脱・増幅ループと逸脱・減衰ループの両方が混じっている場合には動きを予測することは難しい。*101 ただし、因果マップを変えることは可能である。*102

ワイクはこの章で、因果回路と因果ループの概念を使ってこの本を貫くある重要な組織観を提示しており、この章は次の文章で締めくくられる。

> 組織や有機体の内側での事象は、人工的な境界を超えて展開している因果回路に結びつけられて（locked）いる。*103

すなわち、この世は果てしなく広がる因果回路であり、そのなかには安定的な因果ループも存在する。組織の境界というのは、その果てしなく広がる因果回路の上に人工的に設けられたものにすぎない。ワイクの第4章では、安定的な相互連結行動サイクルが取り上げられ、組織化を論じるための準備が行われる。

†第4章　相互連結行動と組織化*[104]

過程としての組織化の話に入る前に、この過程の構成要素（相互連結行動のこと）について述べる必要がある。組織化の過程は、2人以上の人々の間で相互連結された（inter-locked）個人個人の行動からなっている。

(a) ある人の行動は、他の人の行動に依存して決まる（contingent on）のだが、この依存性（contingencies）のことを「相互作用」（interacts）と呼ぶ。ここで、相互作用が双方向ではなく一方向の概念になっていることには注意が要る。

(b) 行為者Aによる行為が行為者Bの特定の反応を喚起し（ここまでは相互作用）、さらにそれに行為者Aが反応するとき、この完結した連鎖のことを「二重相互作用」（double interacts）と呼ぶ。*[105]

この二重相互作用という依存反応パターン（contingent response pattern）が、組織化の分析単位である。[106]

ワイクの第4章の目的は、まず、組織化の過程の構成要素である相互連結行動（interlocked behavior）を概念化することである。そのために、三つの既存研究――①オルポート（Floyd H. Allport）の集合構造（collective structure）、②ウォレス（Anthony F. C. Wallace）の相互等値構造（mutual equivalence structure）、③ケリー（Harold H. Kelley）の最小社会状況（minimal social situation）――について述べている。この章の次の目的は、その上で、二重相互作用の集合をいかにして過程に組み立て、過程がいかにして組織を構成するのかを示すことにある。[107]

ここで、(i)ある組織がどのように行動し、どのように現れるかを規定する構造と、(ii)規則的な相互連結行動のパターンによって固まる構造とは、同じものである。つまり、(i)「組織構造」（organization structure）という用語と(ii)相互連結行動の概念を同等視していることに注意されたい。[108]

(1) オルポートの集合構造

人々は、最初に、手段についての共有したアイデアに収斂すると、相互連結行動の反復

的連鎖を活性化する。すなわち集合構造を形成するのである。[*109]そして、

メンバーの多様な目的を追求する手段として、いったん彼らが相互連結行動に収斂すると、多様な目的から共通の目的（common ends）へと微妙なシフトが起こる。多様な目的はそのまま残っていても、それらは出現した共有された目的（shared ends）の集合へと従属するようになる。（中略）そのとき、共通に共有される最初の目的（initial ends shared in common）のひとつが、個人が欲するものを手に入れるのに役立つ「集合構造」の保存（preserving）と永続（perpetuating）である。[*110]

オルポートの決定的主張は、人々は、目的よりもむしろ手段の問題について最初に収斂するということである。人々は全く異なる理由で全く異なる目的を追求することができる。なぜ人々の貢献が必要なのかは、貢献がなされることと比べれば二次的なことである。ビジョンや抱負や意図を共有する必要はなく、共有するとしてもずっと後になってからである。[*111]共通の目的は、共通の手段（ここでは相互連結行動）に先立つのではなく、むしろ後に続く。なぜなら、意味は、しばしば将来を見越した（prospective）ものではなく回顧

的（retrospective）なものだからである。行為はいくつかの理由で生起し、行為が完結したときにのみ、その行為をレビューすることができ、どんな決定が下されたのか、どんな意図があったのかを知ることができるのである。*112

(2) ウォレスの相互等値構造

目的の共有は、相互連結行動を永続させるのに不可欠のものではないという主張は、ウォレスによってより明確に説明される。

相互連結行動は、人々が他者の動機を知らなくても、目的を共有していなくても可能であり、全体の構造や誰がパートナーであるかさえ知る必要はない。決定的に必要なことは相互共有（mutual sharing）ではなく、相互予測（mutual prediction）である。つまり、AにとってＢ、ある状況下でのＢの行動が予測可能であり、Ｂの行動がＡ自身の活動に予測可能な形で関連させうるのであれば、ＡとＢの間で相互連結行動を生成・維持できる。*113

ワイクの挙げた例は、日本ではなじみがないので、別の例をアレンジしてみると、たとえば、小さな子供が、サンタクロースにクリスマス・プレゼントをお願いしたとしよう。そしてクリスマスの朝、目を覚ますと、子供の枕元にプレゼントが置かれていたとき、この子供は毎年クリスマスが近づくと、サンタクロースにプレゼントをお願いするようになる。枕元にプレゼントを置いている人が、本当は誰であるのかを知る必要もないし、なぜプレゼントを置いてくれるのかも知る必要はない。

個人が自分のパートを維持するために、いくつかの単純なルールに依拠しているのであれば、構造は安定的であるが複雑になりうる。共有が不必要であるからこそ、*[114]人々はその誰もの理解を超えた複雑な構造を作ることができ、この構造は生き残るのである。

(3) ケリーの最小社会状況

そのことは最小社会状況の実験でも確かめられる。２人の人が互いの存在を知らされずに別々の部屋に入れられ、各人の前には、他者に罰を与えるボタンと報酬を与えるボタンがあり、二つのうち、どちらか一つのボタンを押すことができる。実験によれば、相互に有利な相互作用を生み出すことが可能であることが分かったのである。１９６０年代には、そのために必要な条件についての研究も進んだ。

二重相互作用を過程に組み立てる

つまり、相互連結行動には共有した目的も必要なければ、全体の構造や誰がパートナーであるかさえ知る必要はない。必要なのは相互予測だけである。相互連結行動自体には、意味なんかなくてもいいのである。そのような相互連結行動を構成要素とし、それに意味を与えるのが、組織化の過程なのである。

ワイクは、組織の盛衰における安定的な構成単位は二重相互作用だと考えている。[*115] 安定した組立ブロック(subassemblies)は二重相互作用と二重相互作用間のルース・カプリング(loose coupling)からなっている。[*116] この二重相互作用はどのようにして過程に組み立てられていくのだろうか。

故意か偶然か、多数の相互連結行動サイクル(interlocked behavior cycle)が組織内で生じている。組織のなかで安定的なフォームはこれらのサイクルである。多義的なディスプレイをⓐ安定化し、ⓑ情報・イナクトされた環境・因果マップに変換するために、より大きな組立ブロックに組み立てられるのもこれらのサイクルである。[*117]

いかなる過程にも相互連結行動サイクルと組立ルール(assembly rule)という二つの要素が含まれている。組立ルールは、相互連結行動サイクルのプールから過程を組み立てるためのレシピである。組立ルールは、いくつかの二重相互作用を動員してより大きな過程にする際に用いる手続き、教訓、あるいは指針と考えられる。*118

†第5章　自然淘汰と組織化*119

組織化の過程は、自然淘汰の理論で共通に取り上げられる三つの過程に非常によく似ている。そこで、「この章では、最初に、この本で組織化の定式化にメタファー*120として使われる自然淘汰に関するアイデアの概要を説明し、それからメタファー自体の概要について述べる。メタファーの各部分についてのより詳細な議論は、残りの各章で続けられる」*121。

自然淘汰に関するアイデアの概要の説明は、社会文化的進化モデル*122の代表としてキャンベル（Donald T. Campbell）の一連の著作の紹介を中心に行われるが、この部分は本質的ではない上に、後の説明に余計な先入観を与えるので、ここでは割愛する。ただし、この部分で「進化」という用語が多用されるのに際して、ワイクは強い進化理論（stronger form of evolutionary theory；秩序への変化としての進化）よりも弱い進化理論（weaker form of evolutionary theory；変化としての進化）*123を良しとしているので、その点については注意が要る。このことにも象徴されるのだが、実はワイクは「進化論」という用語の使用を極力避けているように思われる。この第5章で言う「自然淘汰（の理論）」も本来の意味はいわゆる「進化論」のことである（第5章「自然淘汰と組織化」〔natural selection and organizing〕と第7章「淘汰と組織化」〔selection and organizing〕は、タイトルがよく似ていて紛らわしいが、第5章では進化論が、第7章では淘汰の過程が扱われている）。

ワイクは「組織化の過程が組み立てられるとき、組織化の過程は自然淘汰の過程に似ていると思われる。この類似性を利用し、自然淘汰が行われると仮定される過程を雛形として、組織化をモデル化するつもりである」[*124]としている。組織化には四つの要素がある。

(1) 生態学的変化(ecological change)

人はスムースに運んでいる事柄には気がつかない。人の注意を喚起するのは変化が生じたときである。生態学的変化は、イナクトしうる環境（enactable environment）すなわち意味形成（sense-making）の素材を提供する。[*125]

(2) イナクトメント(enactment)

イナクトする（enact）とは辞書的には、（法を）制定するとか（劇を）上演するとかの意味である。「経験の流れのなかに差異（differences）が生じたとき、行為者はより注意を払うために、これらの変化を分離する（isolate）ある行為をとるかもしれない。この分節化（bracketing）の行為はイナクトメントの一形態である」[126]。「イナクトメントは有機体が外部〝環境〟と直接やりとりする（engage）唯一の過程である。イナクトメントの後に続くすべての過程は、編集された素材やどんなエピソードでもイナクトメントによって抜粋抽出されたものに働きかけるものである」[127]。

そのため、ワイクによれば、自然淘汰の変異に当たるのがこのイナクトメントであるということになる。しかし、正確に言えば、イナクトメントにそって外部環境は曲がる（bend）のだが、その後の淘汰過程によって処理される多義的な素材を提供するだけである。

(3) 淘汰（selection）

進化論とは異なり、ここでの淘汰は外的環境とは関係のない内部過程である。「淘汰は、イナクトされた多義的なディスプレーに、多義性を削減しようとさまざまな構造をあてがう（imposition）ことを含んでいる。これらのあてがわれる構造は、しばしば相互に結び付けられた変数を含んだ因果マップの形をとるのだが、それらは過去の経験から形成されたものである。（中略）これらのマップは、意味を成すか成さないかの輪郭をはっきりさせるテンプレート（型板）のようなものだ」[*128]。つまり淘汰というのは、「個人や行動の淘汰というよりも、むしろ解釈のスキーム（schemes；図式）や特定の解釈の淘汰である」[*129]。多義性削減において繰り返し有効であるような因果マップは生き残り、助けにならない因果マップは排除されやすい。その結果、「特定の多義的ディスプレーの特定の解釈は生き残り、将来の同じように見える状況にあてがわれる可能性があるので保持される」[*130]のである。

(4) 保持(retention)

「保持は、うまくいった意味形成の産物、すなわちイナクトされた環境（enacted environments）と呼ぶ産物の比較的ストレートな貯蔵を含んでいる」[*131]。以前、多義的だったディスプレーに句読点をつけて結び付けた要約が、ひとつのイナクトされた環境になる。もちろん他のバージョンも可能だが、このイナクトされた環境は合点のいく（sensible）バージョンになっている[*132]。

こうして保持された内容をこの本では「イナクトされた環境」あるいは「因果マップ」と呼んでいる。ただしニュアンスが若干異なる。有意味な環境は組織化のアウトプットであってインプットではないことを強調するときは「イナクトされた環境」と呼ばれ、保持された内容が編集され（organized）変数間の因果関係の図のような形に蓄えられていることを強調するときは「因果マップ」と呼ばれる。*133

†第6章　イナクトメントと組織化*134

イナクトメントとは何か？　淘汰の過程との仕切りも考えて例を挙げよう。ここでは例として、ゼミの光景を再現してみよう。

生態学的変化

ゼミの参加者は、ワイクの本の第6章を読んでからゼミに出席することと申し渡されていた。ここまでは普通の状況である。ところがゼミに出席すると、司会者がいきなり、「イナクトメントとは何か」を議論しましょうとゼミを始めた。

イナクトメント

参加者は、さながら「現代国語」の試験を受けているかのごとく、ワイクの第6章の本文に目を走らせ、イナクトメントについての記述・定義と思しき箇所の抜書きを始め、次々と読み上げていった。それに対して、他の参加者から「なるほどね」「私もこれだと思った」「それは違うだろう」「なんか考え違いをしていない？」といった反応があり、黒板には、まともそうなイナクトメントについての記述が列挙されていった。たとえば、

言うこと、行うこと、意味の網を張ること、適応することそれに変異を生み出すといった活動がイナクトメントの例である。*135

イナクトメントは経験の流れの一部を分節化し、構築するのに役立っている。*136

分ける（breaking）という行為自体が、より深く注意するために、経験の流れのある部分を分離すること（isolating）を示唆しており、それは主として、イナクトメントを構成するものである。*137

ジェスチャー・ゲーム（charades）には、いくつか興味あるイナクトメントの特徴が

ある。ジェスチャーをする人は、観察者の推測を聞いた後になってはじめて、演技(enacting)として自分が何と知覚されたのかを知る。*138

しかし、こうした抜書き的な記述を挙げれば挙げるほど、「イナクトメント」については知覚された多義性が増加していくことになる。

淘汰

ここに至って、ゼミの参加者は「抜書き」ではなく、自分たちの言葉でイナクトメントを説明しようと議論を始める。そして、比喩的ではあるが、ひとつの模範解答に到達する。一緒に環境を読み、意味をなしていそうな部分を共に抜書きして列挙すること。

つまり、今、自分たちがしてきた行為がまさにイナクトメントだという結論に達したのである。しかしこの模範解答は、ここに至る過程を共有しているゼミの参加者には合点がいっても、このイナクトメントの過程に参加していない人間に、いきなり提示すれば、きっとこんな反応が返ってくるだろう。

「あっそうですか。イナクトメントは深いですね。ちょっと考えさせてください」

ワイクはこうしたイナクトメントの例として三つを挙げ、章の前半で解説している。まずは、経験のイナクトメントである。「マネジャーが何かをすることで、はじめて経験のようなものが存在する。インプットのシャワーを受動的に浴びるだけでは『経験した』と同義にはならない。経験は活動の帰結（consequence）なのである。マネジャーは自分を取り巻く『事象』の群れのなかに文字通り踏み入り、それらを秩序立てること（unrandomize）、ある秩序を押し付けることを能動的に試みる*[139]」。

しかし、二つ目の限界のイナクトメントのように、経験によらないものもある。たとえば、デパートでは正札を値切ることはできない（＝限界）と思い込んでいるが、実際に値切ってみると値引きしてもらえることに気がついたという実験結果*[140]は、そのことの一例である。「限界についての知識は、スキルのテストではなく、むしろテストの回避に基づいているのである*[141]」。そして三つ目が、前述のジェスチャー遊びである。

そして、組織と環境の境界がぼやけていて、組織がその環境を造るということを当時の研究が軽視する傾向にあったので、ワイクは、この章の後半を、そのアンバランスを正すことにあてている。[142]探検家が、探検を終えるまでは、自分が何を探検しているのか決して分からないもののように[143]、結局、マネジャーは、自分の周りの環境の客観的特徴を構築し、再編成し、あるいは破壊したりするのであり、このことを強調するために、イナクトメントという用語が用いられているのである。[144]

ここで、組織が環境を造るというのは、環境についての浮遊するたくさんの証拠を、組織が環境についての一つの明確な判断へと整理していくことを意味している。[145]その証拠集めの過程で、環境に関しての予感を確かめようとする傾向があり、自己成就予言的な証拠集めにより、環境についてのいっそうの確信が得られることになる。[146]マネジャーが多義性に立ち向かうとき、きっと環境には秩序があり、意味があるはずだと、非多義性を仮定して立ち向かう。つまり、ロジックの存在を仮定してから多義性を削減しようとする。環境に秩序を押し付ける努力をしてみて、それによって発見された秩序正しさをイナクトしているのである。[147]こうして、「イナクトされた環境」と組織とは、〝地と図〟の関係にある。

†第7章　淘汰と組織化[148]

多義的情報の世界というのは、たとえば駄洒落のような同音意義（pun）の世界のことである。少なくとも二つ以上の意味や発想が、同じ音の言葉で表現されている。ここでイメージされている環境は、あいまい性（ambiguity）や不確実性（uncertainty）で特徴付けられる環境ではない。環境は無秩序（disordered）でもなければ、非決定的（indeterminant; indeterminate の間違いか?）でもなければ、混沌（chaotic）でもない。ここでイメージされている環境とは、多種多様な変数に、さまざまな関係がいかようにでもあてがいうるような環境のことである。*149

そして、多義的なインプットは、いかようにもあてがいうるさまざまな意味や解釈が淘汰過程で直接的に淘汰されることで、より有意味なものになる。淘汰過程では、さまざまな相互連結行動サイクルによって、こうした多義性にあてがわれる多くの可能な「意味」が試され、使えないとか、現在のデータと矛盾するという理由でふるい落とされ、淘汰される。ここで試される「意味」は、

(a) 以前の経験（保持から淘汰への因果の矢印で表される）

(b) イナクトメントそれ自身に暗示されるパターン（イナクトメントから淘汰への因果の矢印で表される）

からもたらされる。[150] (a)のように、保持過程から淘汰へのインプットは重要である。保持は確信の蓄え (a reservoir of beliefs) であり、保持から淘汰への因果の矢印は、信ずることは見ることだ (believing is seeing) という主張を表している。[151] この(a)のように、保持されている因果マップをイナクトメントにあてがう (superimpose) と、[152]現在の地と図の関係 (figure-ground relationship) が弁別されるので、多義性が削減される。地と図の反転はその好例である。

こうして、「組織的意味形成の多くは歴史を書くことからなっている。歴史とは、繰り返すかもしれない一連につながった事象の集合を描いた一種の因果マップである。保持された歴史は、目に見えている今の結果や想像しなければならない未来の結果を鮮明にできる」。[153] つまり「人が事象を理解できるのは、パズルのようなイナクトされたディスプレーに、歴史と見込み (prospect) の両方をあてがった後においてのみである」。[154]

イナクトメントと淘汰の関係に注意して、より正確に整理すれば、「淘汰過程における多くの意味形成は、イナクトメントに対して、もっともらしい (plausible) 説明、歴史、筋道 (sequences) を述べることとみることができる。イナクトメントに対して、それを起こしえたであろうひとつの歴史が補われたとき、多義性は取り除かれる」。[*155] ただし、イナクトされた環境は、淘汰のメカニズムとしての機能を持っている。すでにイナクトされた環境の因果マップ（以前、有効だった因果の連鎖についての解釈）は、現在の多義性をふるいにかけるとき用いられる。その結果、生態学変化のうち、あるものは見過ごされてなかったものとされ、あるものは「見慣れたもの」「奇妙なもの」といったラベル付けが行われる。[*156] そのため、イナクトメントと淘汰は、どちらも意味形成（sense-making）が起こるために、しばしば区別が難しい。[*157] また、イナクトメントはしばしば試行錯誤の行動からなるが、しかし淘汰過程にも、試みられている解釈をより初期の試行錯誤にあてがうことが残っている。[*158]

†第8章　保持と組織化[*159]

保持とは「思い出しやすさ」（liability to recall）のことで、それ以上のものではない。[*160] 経験の保持とは、経験をそのときの状況とともに思い浮かべる可能性や思い出しやすさを意味している。仮に、私が何を言ったのかを忘れてしまえば、私が何を考えていたのか、私自身にも分からないことになる。意味形成レシピが機能するためには、自分が言ったことを思い出し、それが内省しうる状態になければならない。認知症の患者の場合に、この記憶が問題になることはあっても、通常、大きな問題になることはない。

まず保持の性質について、この章では、デボノ（Edward de Bono）の提唱する記憶モデルを取り上げている。*[161] もっとも、たとえばワイクの Figure 8.2 がデボノの元の図（Figure 21）と明らかに異なっている（間違っている）ことを見ても、ワイク自身がこの「ゼリー・モデル」（jelly model）をきちんと理解していたのかどうかは疑わしい。ただし、おおざっぱにいえば、浅いお皿に平らに張られて固まったゼリーの表面にお湯をかけて表面を融かすというデボノの実験は、次のような保持過程の比喩に使われているといっていいだろう——非多義的なインプットは、ゼリー上の一点に注がれるスプーン1杯のお湯のようなものだが、多義的なインプットは、ミシン目のあるスプーンのミシン目から霧状に広範囲にゼリーにかかったお湯のようなものである。

後者の場合、多くのサイクルが活性化し、お湯がゼリーの表面を曲がりくねって流れて一箇所に集まり流れが止まると、多義性は除去され、霧が形となって現われ、その痕跡を残す。*[162] また組織単位としては、獲得、保存・維持、探索、検索といった保持活動にもっぱら取組む組織単位はあるが、保持のサイクルが非常に多様なものであることには注意がいる。たとえば筋肉が運動を覚えているというのも保持サイクルである。

次に、懐疑（discrediting）の性質について。組織は柔軟性と安定性のバランスを維持したときにのみ存続するが、それが難しい。ワイクの本の用語で言えば、組織はイナクトメントを通して変化を察知し、新しい行為の十分なプールを保持しなければならない。しかし、どんな社会的単位も、自らの歴史、自ら何をしてきたのか、そして何を繰り返してきたのかによって一部分定義されるので、慢性的な柔軟性はアイデンティティを破壊する。*163 イナクトメントと保持は基本的に対立するように働くので、こうした矛盾する要請にこたえる方法は、現在に対する部分的な制約条件として過去を使うことである。*164 つまり、組織は自分が知っているもの、過去の知識を部分的に懐疑しなければならないのである。人は知っていると思ったことをいつも疑わねばならない。

†第9章　組織化の意味するもの *165

ワイクの本の最後の章でまとめられている組織化の絵（picture）とは次のようなものである。*166

①組織のいたるところに常に多数の「イナクトメント（enactment）→淘汰（selection）→保持（retention）」のESR連鎖（sequence）が存在している。組織メンバーの数ほどもあるかもしれない。

②ESR連鎖は保持過程Rのところでつながっていて、保持過程の内容、とくに繰り返される二重相互作用が、タイト・カップリングで安定しているので、これが組織内の主要な安定源になっている。

③組織内には多数のESR連鎖が存在しているが、ESR連鎖間のイナクトメント同士、淘汰同士は互いにルースに結びついただけで、ほぼ独立に同時進行している。

イメージを湧かせるために、各ESR連鎖を図柄が「E→S→R」である1枚のカードにたとえてみよう。いま、このカードを図柄「E→S→R」が合うように重ねて束にし、Rの所に親指を置いて扇形に広げてみよう。すると図2のように、この扇形に開いたカード（fanned cards）で、扇の要の部分にあたる親指のところに保持過程Rがあり、要から淘汰Sさらにイナクトメント Eと遠くなるほど、淘汰S間の距離、さらにイナクトメント

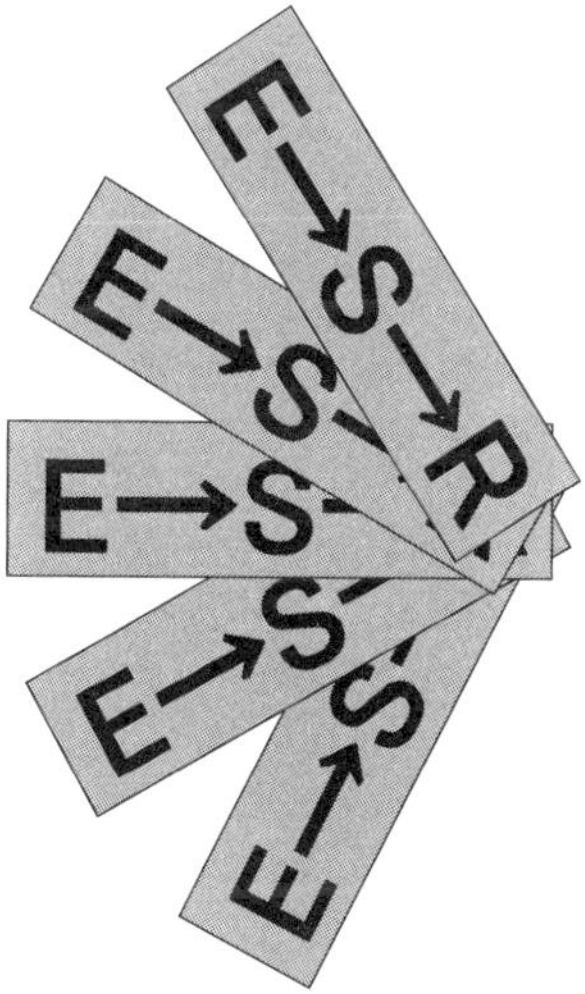

図2　ＥＳＲ連鎖

E間の距離が開き、互いにあまり接触しなくなる。そして組織のESR連鎖は「E↓S↓R」と親指のところの保持過程Rに向けて収斂する。

つまりは、(a)イナクトメント同士、淘汰同士のルース・カプリング、(b)小さな行為の結果を増幅する因果ループ、(c)二重相互作用のレベルでの相互の影響、の組み合わせが、組織の理解には生産的な方法なのである。ワイクはこの方法を"minimalist approach"と呼んでいる。

この"minimalist approach"はここでしか登場せず、また何も解説がないが、おそらく第4章で引用しているケリーの最小社会状況（minimal social situation）のアイデアを指していると思われる。最小社会状況の実験とは、二人の人が互いの存在を知らされずに別々の部屋に入れられ、各人の前には、他者に罰を与えるボタンと報酬を与えるボタンがあり、二つのうち、どちらか一つのボタンを押すことができるという実験で、実験によれば、相互に有利な相互作用を生み出すことが可能であることが分かっている。つまり、扇形に開いたカードのように、扇の要の部分の保持過程Rだけでの必要最小限の相互作用でも、組織に有利な行動は生まれるのである。

またワイクは、(c)のような小さな分析単位はタイトに結びつき、安定しており、一個人の理解を超えた複雑なものにもなりうる集合体の組み立てに利用可能であるとしているが、この記述は②の部分と同様に、ワイクの第4章の理解をベースにしている。*167 すなわち、ワイクは、組織の盛衰における安定的な構成単位は二重相互作用だと考えていて、安定した組立ブロック（subassemblies）は二重相互作用と二重相互作用間のルース・カプリング（loose coupling）からなっているとしている。*168

とくに、ここで引用されているウォレスはワイクの第4章でも引用されており、相互連結行動は、人々が他者の動機を知らなくても、目的を共有していなくても、永続させることが可能だという主張の根拠になっている。そして、ここでも同様に、組織現象の驚くべき多様性は、驚くべき小さな分析単位において見えるようになり、それによって永続している、としている。

つまり、ワイクの本の組織化の基本的なアイデアはその第4章で整理して提示されており、その後、自然淘汰（第5章）、イナクトメント（第6章）、淘汰（第7章）、保持（第8章）というワイク独自のパーツに分解することで、より精緻に説明の展開を試みた形になっている。こうしたステップを踏んだ上で、この第9章で再度、ワイク独自のパーツを使って、第4章で提示したアイデアを組み立て直したことになる。

あとがき

「組織能力って何？」

以前、同僚から問われたこの質問に対する私なりの答えが本書である。実は、経営学の分野には、それこそ世界中で、さまざまな組織能力に関する研究が存在している。しかし、組織能力とはそもそもいったい何なのか。素朴にそう問われたとき、それに対して経営組織論の研究者が真正面から答えた例を私は知らない。

組織能力と呼ぶべきものが、おそらくは満たしているであろう条件については、たとえば次のような文章の記述が、もっとも正確なものの一つである。

組織能力は企業によって異なる個々の企業に特有な能力である。（中略）組織能力は文字どおり組織の属性であり、組織に属する個人が持つ才能は組織能力とはみなされない。組織能力は個人能力の束ではあるが、それはその組織だからこそ身についた個人の能力が調整された体系である。*169

すでに本書を読み終えた読者にとっては、この文章の所々に、ぴんと来るものがあるのではないかと密かに期待するが、文章自体は何やら禅問答のようでもあり……。そこで私は、組織能力からはいったん離れて、まずは「組織力」について、具体的に、かつ経営組織論の理論にできるだけ寄り添うように考察してみることにした。それをまとめたものが本書である。すなわち、

組織力とは、人々の集まりが組織であるために必要な力である。本書で述べてきたように、組織力を宿し、紡ぎ、磨き、繋ぐことで、人々は、はじめて組織であり続けることができる。そして、もし組織であり続けることで、何らかの意味で望ましいものが組織から生み出されるならば、それは組織力の表れである。

この段落の冒頭の「組織力」を「ウチの組織力」、段落最後の「組織力の表れ」を「オモテの組織力」と呼ぶことにしよう。実は、日本語の「組織力」は、人々を一つのまとまりに組織する能力（＝ウチの組織力）と、組織としてまとまることで発揮されるより大きな力（＝オモテの組織力）という二つの意味をもっている。つまり、日本語の「組織力」は、文字どおり、組織の表に表れている「オモテの組織力」とそれを組織の内で支える「ウチの組織力」という組織力の両面を指している絶妙な概念なのである。

この日本語の「組織力」にこそ、組織能力とは何かについて答えるヒントが隠されている。すなわち、組織能力とは、一般に「オモテの組織力」を指して用いられる用語なのだが、「組織能力とは何か」と素朴に問うとき、それは表に表れている「オモテの組織力」の定義や条件を尋ねているのではなく、本当は「ウチの組織力」がどうなっているのかの説明を求めているのである。ここが実に面白い。しかし難問たる原因でもあった。そこで本書では、「ウチの組織力」がどうなっているのかを、組織力を宿し、紡ぎ、磨き、繋ぐプロセスに再構成して説明してみせたのである。

それが、組織能力とは何かという問いに対する答えとして納得してもらえるものになっているかどうか。私自身、一冊の本として読み直してみて、それなりに自信はあるが、最終的には読者の反応を待つしかない。

基本的なアイデアを着想してから一冊の本の形になるまで、2年もかかってしまった。3度目の春を迎えて、ようやく脱稿することができたが、毎春、学校を卒業して、社会に巣立って行く若者を見送りながら、彼らに対するエールも込めて、本書の原稿は何度となく書き直されてもきた。

誠に勝手ながら、世の中のおじさん、おばさんたちを代表して、若者にこれだけは口に出して伝えておきたい。

私たちは、努力している若者が好きだ。人には見えていないような陰の部分でも手を抜かず、一生懸命にやっている若者が大好きだ。もう少し要領よくできないものかと、いつもハラハラしているが、たとえ、すぐに結果は出せなくても、私たちは、君たちのする事をずっと見守っている。だから、いつか、君たちの力を本当に必要とする日がきたとき、私たちは迷わず君たちを選ぶだろう。そして、君たちと仕事を共にできることを心から誇りに思うはずだ。これは偉そうに、上から目線で言っているわけじゃない。君たちのファンとして言っているんだ。

経営学といえばすぐに連想する「会社」ではなく、「組織」を念頭に組織力を説いたのには、私なりの意図がある。それは、組織力を宿した若者たちは、たとえ会社の寿命が尽きようとも、その会社の寿命を乗り越えて、生き延びていくはずだと私が考えているからである。それが組織力を繋ぐということの本当の意味でもある。巨大なグローバル・カンパニーも、見上げるような立派な本社ビルも、所詮、入れ物・乗り物に過ぎない。今ある会社の寿命の向こうも見据えて、組織力を宿した人々をこそ本当に守り育てていくべきなのである。

普段、テキトーでいい加減な私のような人間にそう思わせてくれる力。それこそが究極の「組織力」なのだと私は思う。もう30年近くも夫婦をしている妻・敦子にも、その力が宿っていることに、私はいつも救われ、そして感謝している。

註

＊1 詳しくは高橋伸夫（1993）『組織の中の決定理論』朝倉書店を参照のこと。

＊2 Janis, Irving L.（1972 ; 1982）*Victims of groupthink : A Psychological Study of Foreign-Policy Decisions and Fiascoes*, 1st ed.（*Groupthink : Psychological Studies of Policy Decisions and Fiascoes* 2nd ed.（A revised and enlarged edition））, Houghton Mifflin, Boston, Mass.

＊3 長瀬勝彦（1999）『意思決定のストラテジー――実践経営学の構築に向けて』中央経済社。

＊4 小野豊明（1960）『日本的経営と稟議制度』ダイヤモンド社、p.28.

＊5 Drucker, Peter F.（1971）“What we can learn from Japanese management,” *Harvard Business Review*, Mar.-Apr., pp.110-122.

＊6 Simon, Herbert A.（1957）*Administrative Behavior: A Study of Decision-Making Processes in Administrative Organization*, 2nd ed. Macmillan, New York.（松田武彦・高柳暁・二村敏子訳『経営行動』ダイヤモンド社、１９６５）pp.xvii-xviii 邦訳第２版への序文 pp.13-14. ただし残念なことに、１９９７年に第４版に改訂された際に削除されてしまった。

＊7 このあたりの事情は、高橋伸夫（2008）「『限定された合理性』はどこに――経営学輪講 Simon（1947, 1957, 1976, 1997）」『赤門マネジメント・レビュー』7(9), pp.687-706 に詳しい。

＊8 Simon, Herbert A.（1997）*Administrative Behavior : A Study of Decision-Making Processes in Administrative Organization*, 4th ed. Free Press, New York.（三村敏子・桑田耕太郎・高尾義明・西脇暢子・高柳美香『【新版】経営行動』ダイヤモンド社、２００９）p.3 邦訳 p.4. サイモンは「決定」と「選択」は同義語だと明言している。

＊9 粕谷誠（1990）「財閥の銀行に対する統轄——三井銀行の事例」『経営史学』Vol.24, No.4, pp.36–72.

＊10 Cohen, Michael D., James G. March, & Johan P. Olsen（1972）“A garbage can model of organizational choice,” *Administrative Science Quarterly*, 17, pp.1–25.

＊11 「やり過ごしによる決定」というのは意訳である。かつて、decision making by flight を「飛ばしによる決定」と訳す人もいたが、シミュレーション・モデルを理解すれば、人間が問題を飛ばしているのではなく、問題の方が自発的に飛んで行ってしまうまで、人間の方はじっとやり過ごして待っているだけだということがわかる。「やり過ごしによる決定」にしないと意味が伝わらない。

＊12 いくつかの問題が出ていくことで、その分エネルギー必要量が減り、残った問題が解決されるような場合には、「やり過ごしによる決定」と分類すべきだが、Cohen, March & Olsen, *op. cit.* は、これを「問題解決による決定」に分類している。しかし、これは論理的に間違いであろう。仮に、最終的な決定のスタイルだけを見て「問題解決」と分類するのであれば、すべて問題が飛んでいってしまって決定に至る場合には「見過ごしによる決定」と分類すべきであり、これでは「やり過ごしによる決定」が存在しなくなり、ナンセンスである。

＊13 Takahashi, Nobuo（1997）“A single garbage can model and the degree of anarchy in Japanese firms,” *Human Relations*, 50 (1), pp.91–108.

＊14 Simon, *op. cit.*, ch.1.

*15 *Ibid*., p.45 邦訳 p.65.

*16 *Ibid*., ch.2 を参照。ここで、何が「正しい」のかを議論するに当たって、当時の経営学の世界には「管理の原則」(principles of administration) というやっかいなものがあった。管理の原則は、それぞれに「正しい」選択を説いていたので、サイモンは、こうした多くの管理の原則が相互に矛盾すると指摘し、管理の原則が説く「正しい」選択を批判して否定するという作業をする必要があった。その後で、そうではない「正しい」選択を示すものとして一つの原則すなわち「能率の原則」を説いている。つまりサイモンは、それまでの経営学が説いていたような相互に矛盾する複数の「管理の原則」に代わって、一つの「能率の原則」を唱え、これによって「正しい」意思決定を定義しようとしたのである。ただし、米国の管理の原則は、もともと経営管理論の始祖ファヨールによって唱えられていたチェック・ポイント的な「管理の原則」(principes d'administration) とはニュアンスが変わってしまっていたので注意がいる。詳しくは高橋伸夫 (2006)『経営の再生――戦略の時代・組織の時代』第3版、有斐閣、第6章を参照のこと。

*17 Simon, *op. cit*., p.45 邦訳 p.65.

*18 *Ibid*., ch.9 コメンタリー参照のこと。

*19 *Ibid*., ch.9 コメンタリー参照のこと。

*20 Dalton, Dan R., Catherine M. Daily, Alan E. Ellstrand, & Jonathan L. Johnson (1998) "Meta-analytic reviews of board composition, leadership structure, and financial performance." *Strategic Management Journal*, 19, pp.269-290.

*21 詳しくは、高橋伸夫 (2004)『虚妄の成果主義――日本型年功制復活のススメ』日経ＢＰ社、高橋伸夫 (2005)『〈育てる経営〉の戦略――ポスト成果主義への道』講談社などを参照。

*22 Simon, *op. cit*., p.18 邦訳 p.25.

＊23 詳しい解説は、高橋前掲書（2006），第8章あるいは桑嶋健一・高橋伸夫（2001）『組織と意思決定』朝倉書店、第2章を参照のこと。

＊24 Weick, Karl E.（1979）*The Social Psychology of Organizing*, 2nd ed. Addison-Wesley, Reading, Mass.（遠田雄志訳『組織化の社会心理学 第2版』文眞堂、１９９７）p.5 邦訳 p.7.

＊25 Simon, *op. cit.*, p.45 邦訳 p.65.

＊26 Takahashi, Nobuo & Satoru Takayanagi（1985）“Decision procedure models and empirical research: The Japanese experience,” *Human Relations*, 38, pp.767-780.

＊27 Lave, Jean & Etienne Wenger（1991）*Situated Learning : Legitimate Peripheral Participation*. Cambridge University Press, Cambridge（England）; New York.（佐伯胖訳『状況に埋め込まれた学習――正統的周辺参加』産業図書、１９９３）. ここでの記述は、訳者である佐伯胖による「訳者あとがき―― ＬＰＰと教育の間で」によっている。

＊28 事後的に見出される合理性のアイデアは、経営戦略論の分野でのドミナント・ロジックや創発的戦略と似ているのだが、この点において決定的に異なる。すなわち、あくまでもテイスト、精神なのであって、戦略としては機能しないのである。ちなみに、ドミナント・ロジック（dominant logic）とは、組織行動の基盤となる考え方・物の見方となるロジックのなかから、経営トップや企業の中核グループが長年の経験・知識の蓄積のなかで成功のロジックだけを選び抜き、トップ集団の間に共有されるようになったその組織専用の成功のロジックを指している。Prahalad, C. K. & Richard A. Bettis（1986）“The dominant logic: A new linkage between diversity and performance”, *Strategic Management Journal*, 7, pp.485-501. また、明確な意図なしに、あるいは意図にかかわらず、現れてくるような戦略は創発的戦略（emergent strategy）と呼ばれる。Mintzberg, Henry（1989）*Mintzberg on Management*. Free Press, New York.（北野利信訳

『人間感覚のマネジメント――行き過ぎた合理主義への抗議』ダイヤモンド社、１９９１).

*29 Deal, Terrence E. & Allan A. Kennedy (1982) *Corporate Cultures : The Rites and Rituals of Corporate Life*. Addison-Wesley, Reading, Mass. (城山三郎訳『シンボリック・マネジャー』新潮社、１９８３。新潮文庫版、１９８７。岩波書店同時代ライブラリー版、１９９７) p.43 邦訳 (1987) p.75.

*30 Schein, Edgar H. (1985) *Organizational Culture and Leadership : A Dynamic View*. Jossey-Bass, San Francisco. (清水紀彦・浜田幸雄訳『組織文化とリーダーシップ――リーダーシップは文化をどう変革するか』ダイヤモンド社、１９８９)

*31 Penrose, Edith T. (1959 ; 1980 ; 1995) *The Theory of the Growth of the Firm*. Basil Blackwell, Oxford. 3rd ed. Oxford University Press, Oxford. (第２版の訳：末松玄六訳『会社成長の理論 (第二版)』ダイヤモンド社、１９８０)

*32 Hall, Edward T. (1976) *Beyond Culture*. Anchor Press, Garden City, New York. Reissued 1989 by Doubleday, New York. (岩田慶治・谷泰訳『文化を超えて』ＴＢＳブリタニカ、１９７９。新装版、１９９３) pp.90-91 邦訳 pp.107-108.

*33 Weick, Karl E. (1979) *The Social Psychology of Organizing*, 2nd ed. Addison-Wesley, Reading, Mass. (遠田雄志訳『組織化の社会心理学 第２版』文眞堂、１９９７)

*34 *Ibid*., ch.5,6. 本書付章にも解説がある。

*35 *Ibid*., ch.1. 本書付章にも解説がある。

*36 *Ibid*., ch.2. 本書付章にも解説がある。

*37 佐々木正人 (1994)『アフォーダンス――新しい認知の理論』岩波科学ライブラリー。

*38 Weick, *op. cit*., p.10 邦訳 p.14.

＊39 *Ibid.*, p.3 邦訳 p.5.

＊40 *Ibid.*, p.21 邦訳 p.29.

＊41 *Ibid.*, p.5 邦訳 p.7.

＊42 *Ibid.*, pp.27-28 邦訳 pp.36-38.

＊43 *Ibid.*, ch.2. 本書付章にも解説がある。

＊44 http://www.tbs.co.jp/uwasa/20080803/try.html ２００９年４月18日検索。

＊45 Weick. *op. cit.*, p.61 邦訳 pp.46-47.

＊46 *Ibid.*, ch.2. 本書付章にも解説がある。

＊47 *Ibid.*, ch.3. 本書付章にも解説がある。

＊48 *Ibid.*, ch.3. 本書付章にも解説がある。

＊49 *Ibid.*, p.90 邦訳 p.117.

＊50 *Ibid.*, ch.4. 本書付章にも解説がある。

＊51 *Ibid.*, p.100 邦訳 p.129.

＊52 *Ibid.*, pp.112-113 邦訳 p.146.

＊53 *Ibid.*, ch.4. 本書付章にも解説がある。

＊54 Deal & Kennedy, *op. cit.*, p.41 邦訳 p.72.

＊55 Barnard, Chester I. (1938) *The Functions of the Executive*. Harvard University Press, Cambridge, Mass.（山本安次郎・田杉競・飯野春樹訳『新訳 経営者の役割』ダイヤモンド社、１９６８）. 協働システム（coöperative system；バーナードは一貫して二つ目のoの上にウムラウトをつけて綴っている）とは「少なくとも一つの明確な目的のために2人以上の人々が協働することによって、特殊な体系的関係にある物的、

生物的、個人的、社会的構成要素の複合体」(p.65 邦訳 p.67) と定義されている。なお、難解さにおいて有名なバーナードの『経営者の役割』を原典の構成に忠実に、かつエピソードを中心に平易に解説したものとしては、高橋伸夫 (2007)『コア・テキスト 経営学入門』新世社がある。

*56 Barnard, *op. cit.*, p.4 邦訳 p.4.

*57 榊原清則 (1992)『企業ドメインの戦略論――構想の大きな会社とは』中公新書。

*58 この段落のアフォーダンスの解説は、佐々木正人前掲書 (1994) pp.60-63; pp.75-81. 佐々木正人 (2008)『アフォーダンス入門――知性はどこに生まれるか』講談社学術文庫、pp.68-75. (原本：佐々木正人 (1996)『知性はどこに生まれるか』講談社現代新書) によっている。「アフォーダンス」は造語で、「~ができる」「~を与える」の意味を持つ動詞 afford から、提唱者ギブソン (James J. Gibson) が "affordance" という名詞を造語したもの。Gibson, James J. (1979) *The Ecological Approach to Visual Perception*. Houghton Mifflin, Boston, Mass. (古崎敬・古崎愛子・辻敬一郎・村瀬旻訳『生態学的視覚論――ヒトの知覚世界を探る』サイエンス社、1985)

*59 Abernathy, William J. & Kenneth Wayne (1974) "Limits of the learning curve," *Harvard Business Review*, Sept.-Oct., pp.109-119. 図1は同論文の Exhibit 1 をもとにしている。

*60 学習曲線についての詳しい解説は高橋伸夫 (2001)「学習曲線の基礎」『経済学論集』66(4), pp.2-23. 東京大学経済学会を参照のこと。

*61 Wright, T. P. (1936) "Factors affecting the cost of airplanes," *Journal of the Aeronautical Sciences*, 3 (4), pp.122-128.

*62 対数線形型の進歩関数では、累積生産量が2倍になると $f(2n) = a(2n)^b = an^b 2^b = 2^b f(n)$ と単位当たりの生産コストが 2^b 倍になる。そこで、$p = 2^b$ のことを学習率といい、$1-p$ のことを進歩率 (progress ratio)

という。たとえば、$b = -0.322$ のとき学習率 $p = 0.8$ で80％学習曲線ということになる。このとき、累積アウトプットが2倍になる毎に20％の進歩率で単位コストが低減する。

＊63 Alchian, Armen (1963) "Reliability of progress curves in airframe production," *Econometrica*, 31, pp.679-693.

＊64 Hirsch, Werner Z. (1952) "Manufacturing progress function," *Review of Economics and Statistics*, 34, pp.143-155. Hirsch, Werner Z. (1956) "Firm progress ratios," *Econometrica*, 24, pp.136-143.

＊65 Hirschmann, Winfred B. (1964) "Profit from the learning curve," *Harvard Business Review*, Jan.-Feb., pp.125-139.

＊66 一生懸命に改善をし続けると、学習曲線が対数線形型になることは、理論的に Muth, John F. (1986) "Search theory and the manufacturing progress function," *Management Science*, 32, pp.948-962 が明らかにしている。すなわち、技術的代替案の母集団から無作為探索を行うことが、より低コストの技術を採用していくという単純なモデルを考えることにより、学習曲線が対数線形型になることを数学的に証明できる。

＊67 Levitt, Theodore (1960) "Marketing myopia," *Harvard Business Review*, Jul.-Aug.,pp.45-56; p.51.

＊68 藤本隆宏・ジョセフ・ティッド (Joseph Tidd) (1993)「フォード・システムの導入と現地適応——日英自動車産業の比較研究」大河内暁男・武田晴人編『企業者活動と企業システム——大企業体制の日英比較史』東京大学出版会、pp.282-310.

＊69 Eisenhardt, Kathleen M. & Shona L. Brown (1998) "Time pacing: Competing in markets that won't stand still," *Harvard Business Review*, Mar.-Apr., pp.59-69. が有名だが、time pacing について最初に書かれたのは、この論文ではなく、4年前に出版されている Gersick, Connie J. G. (1994) "Pacing strategic change: The case of a new venture," *Academy of Management Journal*, 37, pp.9-45. であり、彼ら自身も

1年前に別の論文 Brown, Shona L. & Kathleen M. Eisenhardt (1997) "The art of continuous change: Linking complexity theory and time-paced evolution in relentlessly shifting organizations." *Administrative Science Quarterly*, 42, pp.1-34. で発表している。

＊70 高橋伸夫 (1989)『組織活性化の測定と実際』日本生産性本部。

＊71 「NTTの新規事業開発」『NTT施設』1986年6月号。

＊72 高橋前掲書 (2004)。

＊73 Abegglen, James C. (1958) *The Japanese Factory: Aspects of Its Social Organization*. Free Press, Glencoe, Ill. (占部都美監訳『日本の経営』ダイヤモンド社、1958。新訳版：山岡洋一訳『新・日本の経営』日本経済新聞社、2004)

＊74 高橋伸夫 (1996; 2002; 2003)『できる社員は「やり過ごす」』ネスコ／文藝春秋。日経ビジネス人文庫版日本経済新聞社。文春ウェブ文庫版 文藝春秋。pp.194-195.

＊75 高橋伸夫 (1997)『日本企業の意思決定原理』東京大学出版会。

＊76 高橋伸夫 (編著) (1996)『未来傾斜原理――協調的な経営行動の進化』白桃書房。

＊77 高橋前掲書 (1996; 2002; 2003) pp.199-201.

＊78 この章は、高橋伸夫 (2009)「組織化とは何か?――経営学輪講 Weick (1979)」『赤門マネジメント・レビュー』Vol.8, No.5, pp.233-262 を元に加筆修正したものである。もともとは『GBRCニューズレター』で「組織論の文献解題シリーズ」(10)～(19) として2005年10月24日号～2006年8月7日号に連載した内容をもとにして加筆、修正したもの。

＊79 1969年に出版された初版と同様に、第2版も1979年に Addison-Wesley から出版されている。ただし、事情はよく分からないが、第2版は Addison-Wesley の他にも、McGraw-Hill, New York と

Random House, New York からも出版されている。１９６９年版（初版）の訳：金児暁嗣訳『組織化の心理学』誠信書房、１９８０。１９７９年版（第２版）の訳：遠田雄志訳『組織化の心理学 第２版』文眞堂、１９９７。

＊80 『ＧＢＲＣニューズレター』No.180, ２００５年10月24日号。

＊81 Weick, *op. cit.*, p.2 邦訳 p.3.

＊82 *Ibid.*, p.3 邦訳 p.4.

＊83 *Ibid.*, pp.3-4 邦訳 p.5.

＊84 *Ibid.*, pp.12-13 邦訳 pp.17-19.

＊85 『ＧＢＲＣニューズレター』No.182, ２００５年11月7日号に掲載した内容を大幅に加筆、修正している。

＊86 Weick, *op. cit.*, pp.42-43 邦訳 pp.55-56.

＊87 *Ibid.*, p.35 邦訳 p.46.

＊88 *Ibid.*, p.41 邦訳 p.54.

＊89 *Ibid.*, p.49 邦訳 p.65.

＊90 *Ibid.*, p.61 邦訳 pp.46-47.

＊91 *Ibid.*, pp.45 邦訳 pp.58-59.

＊92 *Ibid.*, p.46 邦訳 p.61.

＊93 本文中では「相互連結サイクル（interlocked cycle）」（p. 45 邦訳 p. 58）とされているが、後で登場するのは「相互連結行動サイクル（interlocked behavior cycle）」（ch.4 以降）なので、ここでも「相互連結行動サイクル」とした。「行動（behavior）」が抜けている理由は定かではないが、この次の第３章では、いったん行動から離れて、変数間の因果マップを扱うので、そのことと関係しているかもしれない。

＊94 Weick, *op. cit.*, p.45 邦訳 p.58.

＊95 『GBRCニューズレター』No.183, 2005年11月14日号。

＊96 Weick, *op. cit.*, p.3 邦訳 p.4.

＊97 *Ibid.*, pp.72-74 邦訳 pp.93-96.

＊98 ワイクは書いていないが、(ii)は1940年代のサイバネティクスなどで言われたいわゆるフィードバック(正確に言うと負のフィードバック)のループのことである。(i)は後に1990年代に注目される複雑系で言われるようになる正のフィードバックのことで、この本が書かれたのが1970年代であったことには注意が要る。

＊99 Weick, *op. cit.*, p.81 邦訳 p.104.

＊100 ある変数が増加(減少)に動けば、逆に減少(増加)を促すような矢印となって戻ってくることを指している。

＊101 Weick, *op. cit.*, pp.74-77 邦訳 pp.96-99 ただし、ワイクは言及していないが、こうした多数の変数を含んだ複雑な因果回路を分析するためには、システム・ダイナミクスに代表されるように、コンピュータ・シミュレーションでシステムの振る舞いを予測することが一般的である。こうしたコンピュータ・シミュレーション手法は、すでに1972年にローマクラブが発表した『成長の限界』をきっかけに注目を浴びていた。

＊102 *Ibid.*, p.85 邦訳 p.109.

＊103 *Ibid.*, p.88 邦訳 p.114.

＊104 『GBRCニューズレター』No.185, 2005年11月28日号、No.186, 2005年12月5日号。

＊105 一般的には、これを「相互作用」と呼ぶので、この(a)(b)の定義は特殊であることに注意がいる。

＊106 Weick, *op. cit.*, p.89 邦訳 p.115.

*107 *Ibid.*, pp.89-90 邦訳 p.116.

*108 *Ibid.*, p.90 邦訳 p.116.

*109 *Ibid.*, p.90 邦訳 p.117.

*110 *Ibid.*, p.92 邦訳 pp.119-120.

*111 *Ibid.*, p.91 邦訳 pp.117-118.

*112 *Ibid.*, p.92 邦訳 p.120.

*113 *Ibid.*, p.100 邦訳 p.129.

*114 *Ibid.*, p.103 邦訳 pp.133-134. そこには意志すら必要ではない。蚊柱は蚊が「よし、蚊柱を作ろう」と集まってきて作っているのではない。実際、マルチエージェントのコンピュータ・シミュレーションでは、ごく簡単なルールのエージェントの集まりとして、蚊柱は再現可能である。

*115 *Ibid.*, p.110 邦訳 p.143.

*116 *Ibid.*, p.112 邦訳 p.145.

*117 *Ibid.*, pp.112-113 邦訳 p.146.

*118 *Ibid.*, p.113 邦訳 p.146.

*119 『GBRCニューズレター』No.187, 2005年12月12日号。

*120 第5章の冒頭の段落で、原典ではメタファーという用語が繰り返し使用されているが、なぜか邦訳では一度も使われずに意訳されている。しかしここでメタファーという用語を使い、この章以降で組織化の定式化を行うために自然淘汰理論のメタファーが用いられるということを明言しておかないと、なぜ第2章で、あれだけしつこくメタファーの利点を論じていたのか、第2章の存在意義が分からなくなってしまう。

*121 Weick, *op. cit.*, p.119 邦訳 p.154.

＊122 *Ibid*., pp.122-129 邦訳 pp.158-168.
＊123 *Ibid*., p.120 邦訳 p.156.
＊124 *Ibid*., p.130 邦訳 pp.168-169.
＊125 *Ibid*., p.130 邦訳 p.169.
＊126 *Ibid*., p.130 邦訳 p.169.
＊127 *Ibid*., p.130 邦訳 p.170.
＊128 *Ibid*., p.131 邦訳 p.170.
＊129 *Ibid*., p.131 邦訳 p.171.
＊130 *Ibid*., p.131 邦訳 p.171.
＊131 *Ibid*., p.131 邦訳 p.171.
＊132 *Ibid*., p.131 邦訳 p.171.
＊133 *Ibid*., pp.131-132 邦訳 pp.171-172.
＊134 『GBRCニューズレター』No.189, 2005年12月26日号。
＊135 Weick, *op. cit*., p.147 邦訳 p.190.
＊136 *Ibid*., p.147 邦訳 p.190.
＊137 *Ibid*., p.149 邦訳 p.193.
＊138 *Ibid*., p.152 邦訳 p.197.
＊139 *Ibid*., p.148 邦訳 p.190.
＊140 *Ibid*., p.150 邦訳 p.193.
＊141 *Ibid*., p.149 邦訳 p.193.

＊142 *Ibid.*, p.153 邦訳 pp.198-199.
＊143 *Ibid.*, p.165 邦訳 p.214.
＊144 *Ibid.*, p.164 邦訳 p.213.
＊145 *Ibid.*, p.153 邦訳 p.198.
＊146 *Ibid.*, p.156 邦訳 p.202.
＊147 *Ibid.*, p.160 邦訳 p.208.
＊148 『ＧＢＲＣニューズレター』No.212, ２００6年6月5日号。
＊149 Weick, *op. cit.*, p.174 邦訳 pp.224-225.
＊150 *Ibid.*, p.175 邦訳 p.226.
＊151 *Ibid.*, p.187 邦訳 p.242.
＊152 *Ibid.*, p.183 邦訳 p.236.
＊153 *Ibid.*, pp.200-201 邦訳 p.260.
＊154 *Ibid.*, p.200 邦訳 p.260.
＊155 *Ibid.*, p.195 邦訳 p.252.
＊156 *Ibid.*, p.177 邦訳 p.228.
＊157 *Ibid.*, p.185 邦訳 p.239.
＊158 *Ibid.*, p.185 邦訳 p.239.
＊159 『ＧＢＲＣニューズレター』No.218, ２００6年7月17日号。
＊160 Weick, *op. cit.*, p.207 邦訳 p.268.
＊161 De Bono, Edward (1969) *The Mechanism of Mind*. Simon and Schuster, New York, p.98.

＊162 Weick, *op. cit.*, p.213 邦訳 pp.276-277.

＊163 *Ibid.*, p.215 邦訳 p.280.

＊164 *Ibid.*, p.221 邦訳 pp.287-288.

＊165 『GBRCニューズレター』No.221, ２００６年8月7日号。

＊166 Weick, op. cit., p.236 邦訳 pp.306-307.

＊167 *Ibid.*, p.110 邦訳 p.143.

＊168 *Ibid.*, p.112 邦訳 p.145.

＊169 藤本隆宏・天野倫文・新宅純二郎（2009）「ものづくりの国際経営論」新宅純二郎・天野倫文編『ものづくりの国際経営戦略――アジアの産業地理学』有斐閣（pp.3-27), p.9.

ちくま新書
842

組織力《そしきりよく》――宿《やど》す、紡《つむ》ぐ、磨《みが》く、繋《つな》ぐ

二〇一〇年五月一〇日　第一刷発行

著者　高橋伸夫（たかはし・のぶお）

発行者　菊池明郎
発行所　株式会社 筑摩書房
東京都台東区蔵前二-五-三　郵便番号一一一-八七五五
振替〇〇一六〇-八-四一二三
装幀者　間村俊一
印刷・製本　三松堂印刷 株式会社
乱丁・落丁本の場合は、左記宛に御送付下さい。
送料小社負担でお取り替えいたします。
ご注文・お問い合わせも左記へお願いいたします。
〒三三一-八五〇七　さいたま市北区櫛引町二-六〇四
筑摩書房サービスセンター
電話〇四八-六五一-〇〇五三

ISBN978-4-480-06548-3 C0234

ちくま新書

396 組織戦略の考え方 ――企業経営の健全性のために 沼上幹

組織を腐らせてしまわぬため、主体的に思考し実践しよう！　組織設計の基本から腐敗への対処法まで「これウチの会社！」と誰もが嘆くケース満載の組織戦略入門。

464 ホンネで動かす組織論 太田肇

「注文が殺到して嬉しい悲鳴！」とか「全社一丸となって！」というのは経営側に都合のいい言葉であって、従業員には響かない。タテマエの押し付けはもうやめよう。

502 ゲーム理論を読みとく ――戦略的理性の批判 竹田茂夫

ビジネスから各種の紛争処理まで万能の方法論となっているゲーム理論。現代を支配する〝戦略的思考〟のエッセンスと限界を描き、そこからの離脱の可能性をさぐる。

538 現場主義の人材育成法 関満博

若者に夢がない、地域経済に元気がない――そんな通説を覆す、たくましいリーダーが各地に誕生している。人材はどのように育つのか？　その要諦を明かす待望の書。

561 産廃ビジネスの経営学 石渡正佳

不法投棄をはじめとする裏ビジネスを経営学的なアプローチから分析し、それらをベンチャーに転化する処方箋を示す。現役公務員による画期的なアウトロー対策論。

565 使える！　確率的思考 小島寛之

この世は半歩先さえ不確かだ。上手に生きるには、可能性を見積もり適切な行動を選択する力が欠かせない。確率のテクニックを駆使して賢く判断する思考法を伝授！

567 四〇歳からの勉強法 三輪裕範

商社マンとしてＭＢＡを獲得し、数冊の著書を持つ著者が、時間の作り方、効率的な情報収集術、英語習得法、無駄のない本選びなど、秘伝の勉強法を提示する。

ちくま新書

581
会社の値段
森生明
会社を「正しく」売り買いすることは、健全な世の中を作るための最良のツールである。「Ｍ＆Ａ」から「株式投資」まで、新時代の教養をイチから丁寧に解説する。

582
ウェブ進化論
——本当の大変化はこれから始まる
梅田望夫
グーグルが象徴する技術革新とブログ人口の急増により、知の再編と経済の劇的な転換が始まった。知らないではすまされない、コストゼロが生む脅威の世界の全体像。

619
経営戦略を問いなおす
三品和広
戦略と戦術を混同する企業が少なくない。見せかけの「戦略」は企業を危うくする。現実のデータと事例を数多く紹介し、腹の底からわかる「実践的戦略」を伝授する。

626
おまけより割引してほしい
——値ごろ感の経済心理学
徳田賢二
商品に思わず手が伸びてしまう心理にはどんな仕組みが隠されているのだろうか。身近な「値ごろ感」をキーに、消費者行動の不思議に迫る経済心理学読本。

629
プロフェッショナル原論
波頭亮
複雑化するビジネス分野でプロフェッショナルの重要性は増す一方だが、倫理観を欠いた者も現れてきている。今こそその〝あるべき姿〟のとらえなおしが必要だ！

643
職場はなぜ壊れるのか
——産業医が見た人間関係の病理
荒井千暁
いま職場では、心の病に悩む人が増えている。重いノルマ、理不尽な評価などにより、うつになり、仕事は混乱する。原因を探り、職場を立て直すための処方を考える。

646
そもそも株式会社とは
岩田規久男
Ｍ＆Ａの増加により、会社論が盛んだ。しかし、そこには誤解や論理的といえないものも少なくない。本書は冷静な検証により「株式会社」の本質を捉える試みである。

ちくま新書

693
丹精で繁盛
——物づくりの現場を見にゆく
瀬戸山玄
マーケティング主導の風潮にアイデアで対抗、地場産業や伝統技術をみごと復活させた職人たち。その「丹精をこめた仕事」に、物づくり立国・日本の底力を探る。

701
こんなに使える経済学
——肥満から出世まで
大竹文雄編
肥満もたばこ中毒も、出世も談合も、経済学的な思考を上手に用いれば、問題解決への道筋が見えてくる！　経済学のエッセンスが実感できる、まったく新しい入門書。

715
部長の経営学
吉村典久
投資家の論理に左右されずに、会社が長期的に繁栄するためにはどうすればいいのか。その鍵を握るのは部長・課長だ！　すべてのビジネスパーソン必読の経営論。

780
資本主義の暴走をいかに抑えるか
柴田德太郎
資本主義とは、不安定性を抱えもったものだ。これに対処すべく歴史的に様々な制度が構築されてきたが、現在、世界を覆う経済危機にはどんな制度で臨めばよいのか。

785
経済学の名著30
松原隆一郎
スミス、マルクスから、ケインズ、ハイエクを経てセンまで。各時代の危機に対峙することで生まれた古典には混沌とする経済の今を捉えるためのヒントが満ちている！

825
ナビゲート！　日本経済
脇田成
日本経済の動き方には特性がある。それをよく知れば、予想外のショックにも対応できる！　大局的な視点から日本経済の過去と未来を整理する、信頼できるナビゲーター。

837
入門　経済学の歴史
根井雅弘
偉大な経済学者たちは時代の課題とどう向き合い、それぞれの理論を構築したのか。主要テーマ別に学説史を描くことで読者の有機的な理解を促進する決定版テキスト。